Trix Ebeling-Stiefelmeier Hund und Recht

Bücherei des Hundefreundes Band 8

Trix Ebeling-Stiefelmeier
Dr. iur., Rechtsanwältin

Hund und Recht

Ein Abriss häufiger Rechtsfragen im Zusammenhang mit dem Hund als Haustier und Begleiter

Mitarbeit lic. iur. Daniel Buff

Verlag Paul Haupt Bern und Stuttgart

CIP-Kurztitelaufnahme der Deutschen Bibliothek

Ebeling-Stiefelmeier, Trix:
Hund und Recht : e. Abriss häufiger Rechtsfragen
im Zusammenhang mit d. Hund als Haustier u.
Begleiter / Trix Ebeling-Stiefelmeier. Unter
Mitarb. von Daniel Buff. – Bern ; Stuttgart :
Haupt, 1986.
(Bücherei des Hundefreundes ; Bd. 8)
ISBN 3-258-03581-4
NE: GT

Printed in Schwitzerland

Vorwort

Das vorliegende Buch wurde nicht mit dem Ziele geschrieben, dem Juristen oder Rechtskundigen einen möglichst vollständigen Abriss hunderechtlicher Problem-Aspekte in die Hand zu geben. Es ging mir vielmehr darum, dem »Hunde-Praktiker« – also dem Hündeler und dem Züchter usw. – eine Nachschlage-Hilfe zu vermitteln, welche ihm weiterhelfen soll, wenn er sich mit grundlegenden »Hunderechts-Fragen« konfrontiert sieht.

Viele Leser werden nun bereits beim Ausdruck »Hunderecht« zurückschrecken, weil sie sich sagen, alles was mit Recht zu tun habe, müsse wohl in dieser seltsamen Sprache abgefasst sein, welche allen Juristen eigen sei – das Ganze sei also mutmasslich von vornherein unverständlich. Hier besteht nun aber kein Anlass zur Besorgnis. Zum einen habe ich nämlich ganz bewusst versucht, auch rein rechtliche Begriffe so darzustellen, dass ein Laie beim Lesen nicht in »Fach-Chinesisch« erstickt. Zum anderen sind alle Kapitel mit Beispielen aus der Praxis versehen, was wesentlich dazu beitragen dürfte, die zum Teil doch recht trockene Rechtsmaterie etwas zu veranschaulichen. Im übrigen ist der erwähnte Begriff des »Hunderechts« ohnehin nur eine schriftstellerische Erfindung – ein Hunderecht als solches gibt es nämlich gar nicht. Weshalb dies so ist, werden Sie spätestens nach der Lektüre der ersten Kapitel wissen – auch die anderen hier behandelten Fragen werden hoffentlich am Schluss des Buches verständlich und erschöpfend beantwortet sein.

Inhaltsübersicht

Allgemeiner Teil:

Was ein jeder Hündeler wissen sollte

Besonderer Teil:

Oft gestellte Einzelfragen

Allgemeiner Teil:

Was ein jeder Hündeler wissen sollte

I. Die Stellung des Hundes in unserer Rechtsordnung

1. Das Tier als Sache

Es ist weitherum bekannt, dass Tiere in unserer Rechtsordnung lediglich als Sachen eingestuft sind. Diese Tatsache hat schon vielfach Ärger und Unmut hervorgerufen. Es scheint deshalb sozusagen als Einleitung zum besseren Verständnis wichtig, die Frage nach dem »Warum« zu klären. Sie muss folgendermassen beantwortet werden:

Rechts*subjekte* sind – immer nach unserer Rechtsordnung – alle natürlichen und juristischen Personen. Ihnen dienend untergeordnet sind die Rechts*objekte.* »Rechtsobjekt« ist dabei jeder für sich bestehende körperliche Gegenstand, der der menschlichen Herrschaft unterworfen werden kann und von der menschlichen Person selbst verschieden ist. Daneben gibt es noch unkörperliche Gegenstände mit Sachfunktion wie z. B. Forderungen oder andere Vermögensrechte.

Ob etwas als Sache zu betrachten sei, hängt daher weniger von der physikalischen Beschaffenheit als von der wirtschaftichen Funktion, der Verkehrsanschauung und ethischen Gesichtspunkten ab. Nimmt man diese Gedanken (welche ohne Zweifel aus dem römischen Recht stammen) zu Hilfe, so versteht man ohne Mühe, weshalb die Römer ihre Sklaven als Sache im Rechtssinn bezeichnen konnten. Ferner lässt sich nun unschwer ableiten, dass für Tiere allein der Status der Sache übrigbleibt, nachdem in unserer Rechtsordnung als Rechtssubjekte nur Personen (seien es nun natürliche oder juristische) in Frage kommen. Unsere Tiere sind also im rechtlichen Sinne Sachen – welche Konsequenzen hat das?

Wenn ein Tier schon eine Sache ist, so müßte man – würde man das Ganze konsequent durchdenken – annehmen, jede ungerechtfertigte Einwirkung auf ein Tier stelle eine Sachbeschädigung dar. Die Sachbeschädigung als solche wäre ein Stichwort, welches uns notgedrungen zum Schweizerischen Strafgesetzbuch führen würde – man könnte also annehmen, dass die dortigen Sachbeschädigungsnormen anwendbar wären.

Allein – dem ist in der Praxis nicht so. Am 9. März 1978 wurde nämlich von der Bundesversammlung der Schweizerischen Eidgenossenschaft das sogenannte »Tierschutzgesetz« beschlossen. Dieses ordnet (Art. 1) das Verhalten gegenüber dem Tier und dient – allgemein ausgedrückt – dessen Schutz und Wohlbefinden. Tiere sind dabei so zu behandeln, dass ihren Bedürfnissen in bestmöglicher Weise Rechnung getragen wird (Art. 2). Nachdem sich das Kapitel III des besonderen Teils dieses Buches mit einem ganz speziellen Aspekt des Tierschutzgesetzes – nämlich mit der Frage der Welpentötung – auseinandersetzt, können wir dieses Gebiet hier ausklammern. Vorliegend wollen wir deshalb lediglich festhalten, dass das Tierschutzgesetz neben vielem anderen auch etliche Bestimmungen über die Tierhaltung als solche enthält – wer ein Tier hält oder betreut, muss es beispielsweise angemessen nähren, pflegen und ihm die nötige Unterkunft gewähren (Art. 3). Welche Handlungen gegenüber Tieren verboten sind, ist unter anderem in Art. 22 zusammengefasst – wer beispielsweise ein Tier misshandelt, stark vernächlässigt oder unnötig überanstrengt, wird mit Gefängnis oder mit Busse bestraft (Art. 27). Leider ist es indessen so, dass sehr oft dem Täter der Vorsatz nicht nachzuweisen sein wird. Dies hat zur Folge, dass sich die Gefängnisstrafe in der Regel auf eine blosse Geldbusse reduziert – keine sehr abschreckende Angelegenheit.

Neben dem Tierschutzgesetz gibt es als wesentlichsten Einzelerlass noch die Bundesrätliche Tierschutzverordnung vom 27. Mai 1981. Diese ist kein isoliert zu betrachtendes Werk – sie stellt lediglich den Vollzug des genannten Tierschutzgesetzes sicher. Das will bedeuten, dass sie verschiedene im Tierschutzgesetz pauschal enthaltene Begriffe präzisiert und umschreibt, damit in der Rechtsanwendung eine einheitliche Auslegung sichergestellt ist. Dabei ist dem Thema dieses Buches – den Hunden – ein ganzer Abschnitt gewidmet, welcher u. a. regelt, wie Hunde gehalten und ausgebildet werden müssen. Wie der Mechanismus der Verordnung im einzelnen etwa spielt, soll hier – wie auch bei allen übrigen Themen dieses Buches – mit einem Beispiel aus der Praxis belegt werden:

Herr V hat sich für den Transport seines Deutschen Schäferhundes einen Stationswagen angeschafft. Obwohl hier das »Hundeabteil« durch ein Gitter abgetrennt ist, ärgert er sich fast täglich über Hundehaare und sonstige Hundespuren in seinem Auto. Als er deshalb auf ein Inserat stösst, welches einen »sicheren und sauberen Hundetransportkäfig für jeden Stationswagen-Typ« anbietet, greift er raschentschlossen zu. Obwohl er eine der grössten Ausführungen des Käfigs kauft, passt sein Hund nur mit Mühe hinein – er kann zwar ausgestreckt liegen, aber nicht aufrecht stehen. Herr V findet, das sei auch gar nicht nötig und benutzt den Käfig trotzdem.

Schon nach kurzer Zeit wird der Nachbar von Herr V – selbst Halter von zwei Hunden einer grösseren Rasse – auf die Käfig-Sache aufmerksam. Er stellt insbesondere fest, dass das Tier von Herrn V durch den Käfig in seiner Bewegungsfreiheit ausserordentlich eingeschränkt ist und macht aus seinem Unmut keinen Hehl. Was Herr V da treibe, sei Tierquälerei – Herr V solle sich doch selbst einmal in den Käfig setzen, dann wisse er, wie man sich darin fühle. Item – Herr V verbittet sich jede Einmischung und die beiden Nachbarn geraten in Streit. Der Käfig wird bei dieser Sachlage natürlich nach wie vor benützt – worauf der Nachbar bei der Polizei gegen Herrn V Strafanzeige wegen Tierquälerei erstattet. Wie sieht die Sache rechtlich aus?

Massgebend ist hier in erster Linie das bereits genannte Tierschutzgesetz samt zugehöriger Verordnung. Darin wird bekanntlich in einigen »Grundsatzartikeln« festgehalten, wie Tiere zu behandeln sind. Auch der Transport von Tieren wurde relativ eingehend geregelt. Das Gesetz bzw. die Verordnung spricht dabei allerdings von »Transportmitteln« und »Transportbehältern« – was das im einzelnen genau sein soll bzw. darf, darüber schweigt es sich aus. Sicher ist, dass mit »Transportbehältern« jene Gegenstände gemeint sind, worin Tiere einzeln »verpackt« werden. Eine Hundeboxe in einem Auto hat somit ebenfalls als Transportbehälter zu gelten.

Bei Transportbehältern ist nun zu beachten, dass allfälliger Verletzungsgefahr vorgebeugt sein muss. Scharfe Kanten oder vorstehende Drahtenden darf es also nicht geben. Ferner ist vorgeschrieben, dass solche Transportbehälter so geräumig sein müssen, dass die Tiere in normaler Körperhaltung befördert werden können. Nun ist es zweifellos richtig, dass der Begriff »normale Körperhaltung« selbst nicht definiert ist. Es kann jedoch nichts anderes darunter verstanden werden, als dass es den Tieren möglich sein muss, in ihren Käfigen aufrecht zu stehen. Darüberhinausgehende Bewegungsfreiheit ist durch die Tierschutzgesetzgebung nicht gewährleistet.

Nachdem der Transportkäfig von Herrn V aber offensichtlich schon diesen geringen Anforderungen – der Möglichkeit zum Aufrechtstehen des Hundes – nicht genügt, verstösst er eindeutig gegen die genannten Tierschutznormen und ist damit unzulässig. Herr V kann sich auch nicht etwa auf den Strandpunkt stellen, der entsprechende Tierschutzartikel gelte für ihn nicht, weil er keine gewerbsmässigen Tiertransporte durchführe. Geschützt sind nämlich nicht nur die Tiere als »Handelsware« – ebenso unerheblich ist, wie weit das betroffene Tier jeweils transportiert wird. Wer also seinen Hund auch nur auf dem Weg zum täglichen Spaziergang und zurück für einige Minuten in einen solchen Käfig sperrt, der verstösst in genau gleicher Weise gegen seine »Tierschutz-Pflichten« wie wenn diese Fahrt Stunden dauern würde.

Bedauerlich an der ganzen Sache ist allerdings eines: Wer fahrlässig gegen eine Norm der genannten Tierschutzverordnung verstösst, wird in der Regel mit einer Busse bestraft. Eine Gefängnisstrafe ist somit nicht vorgesehen. Und welcher »Tierquäler« hat sich bisher durch eine Busse von ähnlichem Tun abhalten lassen?

Item – auch der Hund ist seit dem Erlass der Tierschutzgesetzgebung durch etliche Spezialnormen geschützt. Darauf mag zurückzuführen sein, dass seither der Bundesgerichtspraxis kein einziger Fall zu entnehmen ist, wo neben der Tierschutzgesetzgebung auch noch die Sachbeschädigungs-Bestimmung des »allgemeinen Strafrechts« zur Anwendung gekommen wäre. Mit anderen Worten: Nur wo es um den Zustand vor dem 9. März 1978 geht, wurde in der Rechtsprechung mit dem Strafgesetzbuch (präzise ausgedrückt mit dem damaligen Art. 264, welcher in der Folge durch Art. 37 des Tierschutzgesetzes ersetzt wurde) operiert. Dementsprechend ist das Tier also nach wie vor eine Sache – aber eine Sache mit besonderen Schutznormen.

2. Wie kann einem misshandelten Tier geholfen werden?

Wer Tiere liebt, wird nicht selten mit Situationen konfrontiert werden, in welchen er mit dem Verhalten von anderen Personen nur zum Teil oder überhaupt nicht einverstanden ist. Gerade, wenn es um Misshandlungen von Tieren geht, ist die Versuchung gross, an Ort und Stelle einzugreifen. Es stellt sich deshalb die Frage, ob solche »Selbsthilfe« zulässig ist. Auch diese Problemstellung wollen wir anhand eines Beispieles aus der Praxis betrachten:

F hat abseits des Wohngebietes eine kleine Fläche Landwirtschaftsland gepachtet und betreibt dort hobbyhalber eine Gemüse- und Blumenzucht. Nachdem in den vergangenen Jahren sein Geräteschuppen verschiedentlich aufgebrochen und nach Wertgegenständen durchsucht worden ist, entschliesst sich F, weiteren Einbrüchen vorzubeugen. Er schafft sich einen – wegen der geringeren Kosten papierlosen – Deutschen Schäferhund an, baut diesem eine Hundehütte und lässt das Tier fortan sozusagen Tag und Nacht an der besagten Stelle. Über das Wochenende hat der Hund auf diese Weise zwar Gesellschaft – ansonsten fährt F aber nur einmal pro Tag hin, um das Tier auszuführen und Futter sowie Wasser bereitzustellen.

An einem kalten Wintertag wird die Familie O, welche sich gerade auf einem Spaziergang befindet, auf dieses seltsame und abseits gelegene Hundegehege aufmerksam. Sie stellt bei dieser Gelegenheit fest, dass sowohl Futter als auch Wasser tiefgefroren sind – der Hund selbst macht auf sie einen völlig verwahrlosten Eindruck. Die tierliebende Familie O ist ob dieser Zustände entsetzt und bemüht sich in der Folge, raschmöglichst abzuklären, wem der Hund gehört.

Nachdem sie in relativ kurzer Zeit auf die Adresse von F stösst, spricht sie dort vor und versucht, F den Hund abzukaufen.

F hält von diesem Vorschlag herzlich wenig. Sein Hund sei gut versorgt und habe alles, was er brauche. Von »Vernachlässigen« könne keine Rede sein. Überdies benötige er das Tier, da seither nicht mehr eingebrochen werde. Ein Verkauf komme also nicht in Frage.

Die Familie O lässt sich die Sache nochmals durch den Kopf gehen und ist entschlossen, den Hund unter keinen Umständen seinem Schicksal zu überlassen. Als sie sieht, dass sich trotz ihrer Intervention nichts ändert, beschliesst sie, »Selbsthilfe« zu betreiben. Gesagt, getan – eines Nachts verschwindet der Hund aus seinem Gehege. Für F braucht es nicht allzuviel Phantasie, sich vorzustellen, wo er abgeblieben ist. Er sucht die O's auf und verlangt umgehend sein Eigentum zurück – wenn nicht, werde er Strafklage einreichen. Wie sieht diese Situation rechtlich aus?

Nach unserem Haftpflichtrecht ist nicht zu Schadenersatz verpflichtet, wer sich zum Zwecke der Sicherung eines berechtigten Anspruchs selbst Schutz verschafft, wenn nach den Umständen amtliche Hilfe nicht rechtzeitig erlangt werden kann und überdies eine Vereitelung des Anspruchs (oder eine wesentliche Erschwerung seiner Geltendmachung) nur durch Selbsthilfe zu verhindern ist. Dieser Rechtfertigungsgrund der Selbsthilfe gilt über das Haftpflichtrecht hinaus auch im Strafrecht.

Selbsthilfe ist also nur dann zulässig, wenn der Anspruch auch tatsächlich begründet ist. Ein Handeln im Irrtum bleibt widerrechtlich. Auch genügt nicht jeder Anspruch – dieser wird so umschrieben, dass er nicht einfach bloss bestehen, sondern sich gegen eine bestimmte Person richten muss.

Nachdem vorliegend die O's mit Sicherheit keinen Rechtsanspruch darauf haben, dass F ihnen den Hund herausgibt, bleibt zu prüfen, ob noch eine andere Möglichkeit besteht. Ganz wenige Autoren gehen davon aus, dass Selbsthilfe auch zur Sicherung von Persönlichkeitsrechten zulässig sei. Aber selbst wenn man dieser Theorie folgen würde, käme man vorliegend nicht weiter. Denn Persönlichkeitsrechte sind jene Eigenschaften und Rechte, die einer Person als solcher – d. h. mit Rücksicht auf ihr Dasein und ihre geistigen und körperlichen Kräfte – zustehen. Ein Persönlichkeitsrecht ist also immer untrennbar mit der entsprechenden Person verknüpft. Aber: Ein Recht »auf Eingriff in fremdes Eigentum zur Durchsetzung persönlicher Vorstellungen über die Behandlung von Tieren« (welches gegeben sein müsste, damit die O's korrekt gehandelt hätten) kann mit einem Persönlichkeitsrecht nicht gleichgesetzt werden. Denn niemand kann behaupten, dass ein solches mit einer Person »untrennbar verknüpft« wäre. Es findet sich also auch hier keine Handhabe, welche das Selbsthilferecht wenigstens grundsätzlich zulässig machen würde.

Bei der Frage, ob die O's rechtmässig gehandelt haben, kommen wir nun noch zu einem weiteren Punkt: Wie bereits dargestellt, wäre Selbsthilfe ohnehin nur dann zulässig, wenn amtliche Hilfe »nicht oder zumindest nicht rechtzeitig« erlangt werden kann. Mit anderen Worten: Erst wenn ein »Tierschützer« beweisen könnte, dass alle Interventionen bei der Polizei oder anerkannten Tierschutzorganisationen vergebens waren, bestünde allenfalls – und zwar wohlverstanden wirklich nur allenfalls – die Möglichkeit, sich auf das Recht zur Selbsthilfe zu berufen. Jede andere Interpretation wäre hier sozusagen gleichbedeutend mit einer Rückkehr zum »Faustrecht« oder in die Zeiten des Wilden Westens – in eine Epoche also, welche wir schon längst hinter uns gelassen haben.

Nun zurück zu unserem Fall: Die Familie O hat leider in eigener Regie gehandelt und nicht den Weg über Polizei und Tierschutzorganisationen gewählt. Selbst bei extensivster Interpretation muss ihr daher das Recht zur Selbshilfe abgesprochen werden. Es wird ihr wenig anderes übrigbleiben, als das Tier zurückzugeben. Entsprechende rechtliche Ansprüche von F würden nämlich mit allergrösster Wahrscheinlichkeit geschützt.

Der Ausgang dieses Beispiels will nun aber noch lange nicht heissen, dass die Familie O – oder Personen in einer ähnlichen Lage – einfach ohnmächtig zusehen müssen. Wer der Auffassung ist, ein Tier werde beispielsweise stark vernachlässigt, der soll dies gegenteils unter keinen Umständen auf sich beruhen lassen. Der Weg zur Polizei ist zwar u. U. ein Gang, welcher nicht besonders leicht fällt – nichtsdestotrotz sollte im Interesse des Tieres nicht darauf verzichtet werden. Die Polizei ist nämlich verpflichtet, einer begründeten Anzeige nachzugehen – es liegt also nicht etwa in ihrem Ermessen, eine Sache auf sich beruhen zu lassen oder nicht.

Wer dennoch vor diesem Weg zur Amtsstelle zurückschreckt, der hat noch eine weitere Möglichkeit, seiner Auffassung nach unhaltbare Zustände anzuprangern. Er kann sich nämlich an eine der anerkannten Tierschutzorganisationen wenden und seine Sachdarstellung dort unterbreiten. Die angerufene Organisation wird den »Lagebericht« überprüfen und – so sie zum gleichen Schluss kommt – in aller Regel ihrerseits Anzeige erstatten. Und schliesslich ist es letzten Endes ohne Bedeutung, wer den Stein ins Rollen gebracht hat. Wichtig ist, dass Verstösse gegen die Tierschutzgesetzgebung auf die eine oder andere Art und Weise ans Tageslicht kommen und zur Anzeige gebracht werden können.

II. Die Anschaffung eines Hundes

1. Was ist vor der Anschaffung eines Hundes zu beachten?

Wer sich einen Hund kauft, wird vorher vieles zu bedenken haben. Er wird beispielsweise überlegen müssen, ob die Umstände und das eigene Tagesprogramm überhaupt für die Anschaffung eines solch zeitintensiven Hausgenossen sprechen. Wenn er sich hier guten Gewissens eine positive Antwort geben kann, wird er sich entscheiden müssen, welche Hunderasse nach ihrem Erscheinungsbild und den bestehenden Möglichkeiten am besten zu ihm passt. All dies sind sehr wesentliche Überlegungen, welche unbedingt durch die Lektüre entsprechender Bücher abgerundet werden sollten. Aber: das vorliegende Buch ist rechtlichen Themen gewidmet – Betrachtungen zu solch grundsätzlichen Gedanken sprengen deshalb seinen Rahmen.

Trotzdem berührt dieses Kapitel ein Thema, welches keineswegs zu vernachlässigen ist. Gerade die Praxis zeigt, dass ein beträchtlicher Teil der Streitfälle hier seine Wurzeln hat. Und wenn ich von »hier« spreche, so meine ich das Mietrecht oder die Frage des Vierbeiners in den eigenen vier Wänden. Da Mietverhältnisse aber hierzulande immer noch die Regel sind, wollen wir mit dieser Problematik – und wie stets mit einem Beispiel – beginnen:

Die Familie F wohnt seit langer Zeit in einem Mehrfamilienhaus, welches in einer ländlichen Vorortsgemeinde gelegen ist und Herrn M. gehört. Die Tochter F hat sich vor ungefähr fünf Jahren einen Hund gewünscht – damals wurde ein Leonberger-Rüde angeschafft, welcher sich bester Gesundheit erfreut.

Das Tier, welches auf den Namen »Luco« hört, ist zwar sehr gross, aber ausserordentlich friedfertig und ruhig. In der Nachbarschaft hat Luco noch nie zu Beanstandungen Anlass gegeben – auch der Hauseigentümer M hat sich zu keiner Zeit an seinem Vorhandensein gestört.

Eines Tages heiratet der bisher ledige M eine Frau, welche von Tieren und insbesondere von Hunden überhaupt nichts hält. Obwohl die M's selbst nicht in jener Liegenschaft wohnen, wo die Familie F zur Miete ist, stört sich Frau M »aus prinzipiellen Gründen« am Vorhandensein von Luco. Herr M teilt hierauf den F's mit, er (als Vermieter) sei leider gezwungen, die Hundehaltung – und zwar mit sofortiger Wirkung – zu verbieten.

Der Familie F stellt sich nun die grosse Frage, ob sie berechtigt ist, sich gegen diesen Sinneswandel von M zu wehren. Wenn nicht, erwägen die F's einen Umzug – Luco weggeben wollen sie auf keinen Fall. Wie verhält es sich hier mit der Rechtslage?

Wer das schweizerische Mietrecht (die Art. 253 ff. unseres Obligationenrechtes) konsultiert, wird feststellen, dass sich dieses zur Frage des Haltens von Haustieren überhaupt nicht äussert. Dort ist die Lösung des Problems der Familie F also nicht zu finden. Nichtsdestotrotz hat gerade diese analoge Frage die Gerichtspraxis schon mehrfach beschäftigt – die Gerichte kamen somit nicht umhin, die Sache durchzudenken. Bei dieser Gelegenheit wurde entschieden, mangels »tierrechtlicher« Bestimmungen seien die Regeln über die Zulässigkeit der Untermiete heranzuziehen. Die Frage der Tierhaltung wird deshalb in der Folge nach »Untermiet-Kriterien« beurteilt. Daraus ergibt sich folgendes: Die Haltung von Haustieren ist im Zweifel erlaubt. Will der Vermieter die Tierhaltung ausschließen, so muss er sie verbieten. Er kann dies ausdrücklich (durch entsprechende Vertragsklausel usw.) oder auch nur sinngemäss bzw. stillschweigend (nach dem Vertragsinhalt als Ganzem oder der ständigen Übung usw.) tun. Zu beachten sind in diesem Sinne insbesondere die häufig verwendeten Hausordnungen, welche entweder als Vertragsbestandteil oder als Ausdruck der »Üblichkeit« (ständigen Übung) zur Anwendung kommen. Wird eine solche Hausordnung jedoch erst nach Abschluss des Mietvertrages erlassen (wozu der Vermieter durchaus berechtigt ist), so darf dabei das allfällig bestehende Recht des Mieters zur Haltung von Haustieren nicht beschränkt oder ausgeschlossen werden.

Möglich ist auch, dass sich der Vermieter seine Zustimmung zur Tierhaltung für die Zukunft »vorbehält«. War dies der Fall, so kann er – wenn die Tierfrage dann wirklich auftaucht – seine »Bewilligung« zwar verweigern – aber nur, wenn er für diese Weigerung »ernsthafte Gründe« anführen kann. Er kann also mit anderen Worten nicht jede diesbezügliche Laune am Mieter ausleben. Ebensowenig hat der Mieter für einen nachträglichen

Sinneswandel einzustehen. Dies bedeutet, dass der Mieter sein Haustier (sofern es für die übrigen Mieter zumutbar ist) immer dann behalten kann, wenn der Vermieter dessen Vorhandensein längere Zeit ohne weiteres duldete. Dies gilt selbst dann, wenn grundsätzlich (vertraglich oder stillschweigend) ein Tierhaltungs-Verbot bestanden hätte – in längerem Stillschweigen des Vermieters zum Vorhandensein eines solchen Haustiers ist ein Verzicht auf die Durchsetzung des Verbotes zu sehen.

Allerdings: Wie bereits erwähnt, muss die Tierhaltung für die Nachbarn »zumutbar« sein. Bei einem ständig bellenden Hund kann solche Zumutbarkeit beispielsweise durchaus in Zweifel gezogen werden. Ferner muss der Vermieter keine nachteilige Veränderung der Mietsache dulden. Sicherlich unzulässig wäre demnach beispielsweise, ein Zimmer der Mietsache als Stall für ein Pferd »umzufunktionieren« oder eine ganze Wohnung als Zwinger zu benützen. Hier hätte der Vermieter – Verbot hin oder her – ein Einspracherecht.

Diese Überlegungen führen uns zur Frage, welche Tiere denn überhaupt als Haustiere zu betrachten sind, bzw. welche Haustiere wo gehalten werden dürfen. Die Antwort hängt hier sehr von den gegebenen Umständen des Einzelfalles ab. Sicherlich muss es zulässig sein, in einer Mietwohnung in städtischen Verhältnissen eine Katze oder einen Hund zu halten – ein Pferd oder eine Kuh ist in einer Grossstadt aber nichts der Norm Entsprechendes. Anders sähe hier die Sache nur aus, wenn das Mietobjekt beispielsweise ein in ländlicher Gegend gelegenes Haus mit grossem Umschwung wäre. Hier könnte man allenfalls durchaus davon ausgehen, dass ein Pferd oder eben eine Kuh angesichts ihrer Häufigkeit durchaus »Haustier-Charakter« haben. Schliesslich ist darauf hinzuweisen, dass für spezielle Arten von »Haustieren« (also beispielsweise für Giftschlangen usw.) öffentlich-rechtliche Bestimmungen zu beachten sind, da sichergestellt sein muss, dass das Ganze sich so abwickelt, dass die Umwelt nicht gefährdet wird. Zusammenfassend lässt sich also sagen: Welche Tiere als Haustiere zu betrachten sind bzw. welche Haustiere wo gehalten werden dürfen, kann niemals allgemein beurteilt werden – abzustellen ist stets auf die Umstände des Einzelfalles.

Zurück zu unserem Fall: Der Mietvertrag der Familie F enthält keine Klausel, welche die Tierhaltung verbietet. Eine entsprechende Hausordnung besteht ebenfalls nicht. Die F's waren also durchaus berechtigt, Luco anzuschaffen. Aber selbst wenn sie vor fünf Jahren gegen ein Tierhalte-Verbot gehandelt hätten – heute ist es für ein »Veto« des Vermieters M längst zu spät. Denn wie wir gesehen haben, ist in längerem Stillschweigen des Vermieters ohnehin ein Verzicht auf die Durchsetzung eines anfälligen Verbotes zu erblicken – und fünf Jahre sind zweifellos »länger« im Sinne der Gerichtspraxis. Vorliegend ist dieses Argument allerdings gar nicht von Bedeutung, weil den F's die Tierhaltung mangels Verbots ohnehin erlaubt war. Für den späteren Sinneswandel des M brauchen sie den Kopf nicht hinzuhalten. Sie können sich also gegen das Verbot erfolgreich zur Wehr setzen – Luco kann dementsprechend bleiben, solange das Mietverhältnis besteht.

Der Zusatz »solange das Mietverhältnis besteht« mag hier nun den einen oder anderen Leser stutzig machen. Trotzdem ist er nötig, und zwar aus folgendem Grund: Unser Mietrecht behält dem Eigentümer einer Mietsache das Recht vor, nach eigenem Gutdünken über sein Eigentum zu entscheiden. Mit anderen Worten: Beschliesst ein Vermieter, das Mietverhältnis mit einem bestimmten Mieter zu beenden, so braucht er hierfür nicht etwa einen besonderen Grund. Grundsätzlich genügt es, wenn der Vermieter die Kündigung ausspricht. Der Mieter kann sich gegen die Kündigung als solche nur in ganz seltenen und hier kaum relevanten Fällen zur Wehr setzen. Er hat aber das Recht, an das für ihn zuständige Mietgericht zu gelangen und um Erstreckung des Mietverhältnisses zu ersuchen. Sind sämtliche Voraussetzungen erfüllt, wird ihm eine solche Erstreckung in der Regel gewährt werden – es steht ihm dann eine längere Zeit zur Verfügung, um sich nach etwas Neuem umzusehen. Wie das nachfolgende Beispiel zeigen wird, kann aber keineswegs immer mit einer solchen Erstreckung gerechnet werden. Was hier einen entscheidenden Einfluss haben kann, wird an folgendem Geschehen deutlich:

Herr K ist Mieter der Parterre-Wohnung eines in der Stadt gelegenen Vierfamilien-Hauses. Trotz mietvertraglich fixiertem Tierhaltungsverbotes hat er sich vor ein paar Monaten die Doggenhündin »Alexis« angeschafft, welche mittlerweile zu einem stattlichen Tier herangewachsen ist. Herr K führt Alexis morgens vor der Arbeit aus – dann bleibt das Tier in der Regel bis zum späten Nachmittag allein zuhause. Wegen des Versäuberns ist dies kein Problem: Alexis hat die Möglichkeit, sich frei in den kleinen an die Wohnung angrenzenden Garten zu begeben. Das tut sie auch, aber: Vermutlich aus Langeweile gewöhnt sie sich an, gleichzeitig auch noch alle Fussgänger zu verbellen. Da die Wohnung an einer Durchgangsstrasse gelegen ist, herrscht reger Fussgänger-Verkehr; es kommt also erheblicher Lärm zusammen.

Dementsprechend ist auch nicht verwunderlich, dass sich bereits nach kurzer Zeit die Nachbarn bei Herrn K zu beschweren beginnen. Besonders das ältere Ehepaar C, welches in der Dachwohnung derselben Liegenschaft wohnt und tagsüber oft zuhause ist, fühlt sich gestört. Herr K versucht, Abhilfe zu schaffen, in dem er nunmehr über Mittag regelmässig nach Hause geht, um Alexis auszuführen. Die verbleibende Zeit muss das Tier in der Wohnung bleiben – in den Garten darf es nur noch »unter Aufsicht«. Aber: Diese Bemühungen fruchten wenig. Sei es, weil sich Alexis bereits angewöhnt hat, regelmässig zu bellen, sei es, weil sie die Passanten auch vom Fenster aus sehen kann – jedenfalls bellt der Hund munter weiter.

Die Familie C reklamiert nun direkt beim Hauseigentümer, welcher bislang vom Vorhandensein von Alexis nichts wusste und sich sogleich an Ort und Stelle über den Stein des Anstosses informiert. Als er sieht, dass hier tatsächlich ein überdies beim besten Willen nicht als ruhig zu bezeichnender Hund vorhanden ist, zieht er die Konsequenzen. Er stellt Herrn K gleichentags vor die Alternative, entweder sofort den Hund wegzugeben oder aber auszuziehen. Herr K will weder das eine noch das andere und ersucht beim zuständigen Mietgericht um Erstreckung des Mietverhältnisses »um mindestens ein Jahr«, bis er etwas Passendes gefunden habe. Das Mietgericht entscheidet für ihn negativ, und zwar aus folgenden Gründen:

Die Haltung von Haustieren trotz Tierhalte-Verbot stellt eine nicht-vertragsmässige Nutzung des Mietobjektes – mithin also eine Vertragsverletzung – dar. Da es sich dabei um eine sogenannte »andauernde Verletzung« handelt (da man das Tier ja ständig hält), hat der Vermieter nach erfolgloser Abmahnung (Beseitigungungsaufforderung) das Recht, sofort und ohne Innehaltung allfälliger Kündigungsfristen vom Mietvertrag zurückzutreten. Mit anderen Worten: Herr K hätte vom Vermieter sehr kurzfristig auf die Strasse gesetzt werden können, nachdem er sich weigerte, die Vertragsverletzung zu beseitigen bzw. Alexis wegzugeben. Im vorliegenden Falle war der Vermieter aber nicht einmal so »hart« – er kündigte Herrn K nämlich nicht »fristlos«, sondern zum nächstmöglichen Kündigungstermin, damit dieser Zeit habe, sich etwas Neues zu suchen.

Der Richter fragte Herrn K in der Folge nochmals, ob er nicht bereit sei, den Hund wegzugeben. Auf K's »Nein« hin wurde entschieden, die Möglichkeit der Erstreckung des Mietverhältnisses sei nicht dazu da, »Beihilfe zur Mietvertragsverletzung« zu leisten. Oder umgekehrt ausgedrückt: Wer mietvertragliche Pflichten dauernd und ernsthaft verletze, dem sei die anbegehrte Erstreckung des Mietverhältnisses ohnehin zu verweigern.

Dies blieb vorliegend übrigens nicht der einzige Gang zum Richter. Als K nämlich in der Folge auszog, hinterliess er die Wohnung mit all jenen Spuren, welche Alexis in ihrer Kindheit und Jugend verursacht hatte. So waren die Teppiche zweier Zimmer weitgehend ruiniert – auch die Tapeten hatten an vielen Stellen erheblich gelitten. Der Vermieter ging zu Recht davon aus, er könne den derzeitigen Zustand dem nächsten Mieter unmöglich zumuten. Er liess deshalb an den entsprechenden Stellen renovieren und belastete Herrn K hierfür mit 80 Prozent der Kosten, weil dieser bei seinem Einzug damals eine frischrenovierte Wohnung angetroffen habe und die inzwischen verstrichene zweijährige Mietdauer nur 20 und nicht 100 Prozent Abnützung rechtfertige.

Da K nicht freiwillig zahlte, wurde er verklagt – wiederum entschied der Richter zu seinen Ungunsten. Ein Mietgegenstand sei grundsätzlich in dem Zustand zurückzugeben, in welchem er sich bei Mietantritt befunden habe. Einzig für Abnützungen und Veränderungen des Mietobjekts, welche durch vertragsgemässen Gebrauch entstanden seien, habe der Mieter nicht einzustehen. Wo eine Sache wegen übermässigem Gebrauchs vorzeitig ersetzt werden müsse, sei dem Mieter allerdings nicht der ganze Neupreis zu verrechnen. Stattdessen sei ihm jene Prozentzahl »gutzuschreiben«, welche der normalen (vertragskonformen) Abnützung entsprochen hätte. Genau dies habe der Vermieter vorliegend getan, weshalb seine Forderung zu Recht bestehe und geschützt werden müsse. Herr K musste dementsprechend bezahlen und zusätzlich die durch das Gerichtsverfahren entstandenen Kosten übernehmen.

Wie diese Beispiele gezeigt haben werden, empfiehlt es sich vor der Anschaffung eines Hundes dringend, den eigenen Mietvertrag durchzusehen und gegebenenfalls mit dem Vermieter Rücksprache zu nehmen. Setzt man sich über ein Tierhalte-Verbot hinweg, dürfte dies sehr oft das Ende der Rechte an der Mietsache bedeuten. Man wird nun geneigt sein, anzunehmen, all diesen Problemen könne man aus dem Wege gehen, wenn man nicht zur Miete, sondern in den eigenen vier Wänden wohne. Dort könne man schliesslich mehr oder weniger tun und lassen, was man wolle – wenn man Tiere halten wolle, könne sicherlich niemand Einspruch erheben. Diese Auffassung ist nicht nur weit verbreitet, sondern auch durchaus verständlich – in allen Teilen richtig ist sie indessen nicht. Was im Zusammenhang mit den eigenen vier Wänden zu beachten ist, mag folgendes Beispiel zeigen:

In städtischer Umgebung befinden sich mehrere »Blöcke« mit je drei »Terrassenhäusern«. E ist Eigentümer einer solchen Wohnung, welche das »Mittelstück« zwischen zwei weiteren bildet. Sämtliche Grundrisse sind dabei so angeordnet, dass der »Wohntrakt« des einen Terrassen-Hauses über den »Schlaftrakt« des darunterliegenden zu liegen kommt – eine kaum als glücklich zu bezeichnende architektonische Lösung. Auch die Schall-Isolierung zwischen den einzelnen »Stockwerken« ist alles andere als optimal; Reklamationen sind deshalb keineswegs eine Seltenheit. Insbesondere E ist weitgehend daran gewöhnt. Er hält nämlich drei Rauhaar-Dackel, welche die Angewohnheit haben, sich durch gemeinschaftliches Bellen bemerkbar zu machen.

Als sich E im Herbst 1984 noch einen vierten Dackel anschafft, welcher seine »Kollegen« beim Bellen tapfer unterstützt, wird es den Nachbarn von E zu bunt. Sie verklagen ihn mit dem Ziele, eine Reduktion des »Dackel-Lärms« zu erreichen. Wo stehen sie rechtlich?

Gemäss Art. 684 unseres Zivilgesetzbuches ist jedermann verpflichtet, sich bei der Ausübung seines Eigentums aller übermässigen Einwirkungen auf das Eigentum des Nachbarn zu enthalten. Umgekehrt hat gemäss ZGB auch jeder Eigentümer das Recht, ungerechtfertigte Einwirkungen abzuwehren. Es stehen ihm diesbezüglich sogar mehrere Klagen zur Verfügung. All diese Rechtsbehelfe haben eines gemeinsam: Sie versprechen nur dann Erfolg, wenn es sich wirklich um »Übermässigkeit« handelt – grundsätzlich sind nämlich selbst lästige Einwirkungen an sich zu dulden. Mit anderen Worten: Solange etwas nur lästig, aber nicht »unzumutbar« ist, ist der verursachende Eigentümer im Recht. Wann aber ist etwas »unzumutbar«?

Bei der Frage, ob es sich bei solchen Einwirkungen (auch Immissionen genannt) um übermässige und damit unzumutbare handelt, ist in erster Linie auf eine Abwägung der einander gegenüberstehenden Rechtsgüter und Interessen abzustellen. Eine erhöhte Bedeutung kommt dabei den besonderen Umständen des Einzelfalles und dem »Ortsgebrauch« zu – und zwar immer nach objektiven Gesichtspunkten. Daneben sind alle anderen irgendwie in Betracht fallenden Faktoren zu berücksichtigen und zu würdigen.

Bei der Beurteilung des vorliegenden Problemes ist davon auszugehen, dass der durch das Bellen von Hunden verursachte Lärm eine Immission im Sinne des genannten Art. 684 ZGB darstellt. Als sicher gilt auch, dass die entsprechende Immission linear zunimmt, wenn sich mehrere Hunde in derselben (Eigentums)-Wohnung aufhalten. Den gesetzlichen Bestimmungen folgend kann nun aber sicherlich nicht einfach gesagt werden, bis zur Zahl von x Hunden sei die Immission noch tragbar, von x plus 1 an dagegen übermässig. Vielmehr ist die Beurteilung dieses Problems ganz konkret auf den Einzelfall abzustimmen. So gehört zu einem Landwirtschaftsbetrieb in der Regel wenigstens ein Hund – nicht selten zu Zwecken der Bewachung. Hingegen werden in städtischen Verhältnissen wohl kaum mehr als ein oder zwei Hunde gehalten. Demzufolge könnte man sagen, dass der Nachbar im ersten Fall die Lärmbelästigung wegen Ortsgebrauchs zu dulden hätte – in der Stadt derselbe in der Landwirtschaft durchaus zulässige Lärm aber ohne weiteres übermässig sein könnte.

Als weiteres Kriterium sind auch hier die konkreten Umstände des Einzelfalles heranzuziehen. Mit anderen Worten: Vorliegend ist keinesfalls unerheblich, dass die Schall-Isolation zwischen den einzelnen Stockwerken nicht als besonders gut bezeichnet werden kann. Ferner fällt ins Gewicht, dass Stockwerkeigentümer (im Gegensatz zu Eigentümern eines freistehenden Hauses) als Mitglieder einer Gemeinschaft zu vermehrter Rücksichtnahme verpflichtet sind.

In unserem Falle hat sich nun der Richter an Ort und Stelle einen persönlichen Eindruck von der Sachlage verschafft. Dabei hat er festgestellt, dass die Nachbarn von E auch nach objektiven Gesichtspunkten keineswegs übertrieben haben – der durch die vier Hunde verursachte Lärm war tatsächlich gewaltig. Insbesondere war er auch in den Schlafräumen der anderen Terrassen-Häuser deutlichst zu vernehmen und somit mehr als nur geeignet, die häusliche Ruhe nachhaltigst zu stören – ja ein normales Schlafen gar zu verunmöglichen. Dies war für den Richter Anlass genug, festzuhalten, in städtischen Verhältnissen sei solcher Lärm einwandfrei als »übermässig« im Sinne des Gesetzes zu betrachten. Da die Nachbarn freiwillig bereit seien, den früheren Zustand – also drei Hunde – zu akzeptieren, sei dort die Grenze zu ziehen. Dementspechend werde die Klage gutgeheissen und E das Halten von mehr als drei Hunden untersagt.

Dass bei Stockwerkeigentum eine gewisse Rücksichtnahme auf den Nachbarn sein muss, versteht sich eigentlich mehr oder weniger von selbst. Schliesslich gestalten sich die akkustischen Verhältnisse nicht selten nur wenig anders als bei Mietwohnungen – man ist also auf ein gegenseitiges Miteinander angewiesen. Wo es sich aber um ein eigenes Haus handelt, ist man viel eher geneigt, anzunehmen, hier könne man in punkto Tierhaltung wirklich tun oder lassen was man wolle – Einspruch erheben könne da niemand. Wie das letzte Beispiel zu diesem Kapitel zeigen wird, ist auch diese Auffassung unzutreffend:

S ist Versicherungsfachmann und – sozusagen nebenberuflich – Züchter von Bernhardinern. Er hat sich zu diesem Zwecke bereits vor gut 20 Jahren am Rande einer Ortschaft auf dem Land niedergelassen und dort ein Haus mit entsprechend grossem Grundstück erworben. Im Laufe der Jahre hat sich nun das Dorf vergrössert – es ist sozusagen um das Grundstück von S »herumgewachsen«. Nachdem das Land nun nicht mehr in einer Randzone liegt, hat S heute wesentlich mehr Nachbarn als früher. Diese bringen zwar – zumindest zum Teil – Verständnis dafür auf, dass zeitweise bis zu 30 Bernhardiner eben einen erheblichen Lärm verursachen – ein anderer Teil der Nachbarschaft reklamiert aber nachhaltigst und ersucht S mehrfach, die Anzahl seiner Hunde »auf ein erträgliches Mass« zu reduzieren. S stellt sich dagegen auf den Standpunkt, schliesslich sei er vorher dagewesen; die Nachbarn hätten sich also ihm bzw. seinen Verhältnissen anzupassen. Zudem wohne er genau wegen seiner Hunde auf dem Lande – dort sei die Hundezucht ohnehin zulässig. Wie ist zu entscheiden?

Wie wir bereits gesehen haben, ist übermässige Eigentumsausübung unzulässig. Was übermässig ist, ergibt sich dabei anhand der besonderen Umstände des Einzelfalles – und zwar nach objektiven Gesichtspunkten. Ferner sind der »Ortsgebrauch« (also das, was an jenem Ort üblich ist) und alle sonst in Betracht fallenden Faktoren zu würdigen. Zu guter Letzt ist auch eine »Güterabwägung« vorzunehmen.

Unter »Güterabwägung« ist nun folgendes zu verstehen: Auf der einen Seite haben wir das Interesse des Hundehalters an der freien Ausübung seines Eigentumsrechts – auf der anderen Seite steht das Interesse des »Geschädigten« an Ruhe in der Nachbarschaft. Bei gelegentlichem Bellen eines Hundes wird nun kaum jemand geltend machen können, dadurch sei die Ruhe – und damit letztendlich die Gesundheit – geschädigt. Anders aber bei bis zu 30 Tieren. Dort ist fast anzunehmen, dass sich das Gebell auf die Dauer auf die Gesundheit bzw. das Wohlbefinden eines Menschen negativ auswirken wird, weil es geeignet ist, Nervosität usw. herbeizuführen. Bereits die »hohe Wahrscheinlichkeit«, dass eine solche Schädigung in naher Zukunft eintreten könnte, gibt nun aber bereits das Recht, sich auf den am vorigen Beispiel besprochenen Art. 684 ZGB zu berufen.

Zudem fällt vorliegend ins Gewicht, dass die frühere Benutzungsart oder die Voraussehbarkeit einer übermässigen Einwirkung demjenigen, der sein

Eigentumsrecht überschreitet, kein sogenanntes »besseres Recht« verschafft. Mit anderen Worten: S kann seinen Nachbarn nicht entgegenhalten, sie hätten beim Neuzuzug damit rechnen müssen, vom Gebell seiner Hunde gestört zu werden. Ebensowenig kann S aus der Tatsache, dass seine Hundezucht bereits vorher da war, Rechte zu Lasten der Nachbarn ableiten.

Zusammenfassend gilt, dass die Frage, ob eine Einwirkung übermässig sei, nicht ein für alle Mal nach allgemeinen Kriterien entschieden werden kann. Es kommt stattdessen ganz wesentlich auf die Lage und Beschaffenheit der Grundstücke und auf den Ortsgebrauch an. Der Richter urteilt nach objektiven Gesichtspunkten – er stellt also auf »das Empfinden eines Durchschnittsmenschen in gleicher Situation« ab. Dementsprechend sind weder ausgesprochene Hundefreunde noch Hypersensible massgebend bei der Beurteilung der Frage, ob das Bellen von gegen 30 Hunden übermässig sei. Stattdessen ist davon auszugehen, dass auch »jeder Durchschnittsmensch« einen notgedrungen derart grossen »Hunde-Lärm« als störend, nervtötend und damit letzten Endes gesundheitsschädlich betrachtet. Die Güterabwägung wird also hier zu Ungunsten des S ausfallen, da er – wie wir gesehen haben – keine Rechte daraus ableiten kann, dass er mit seinen Hunden schon vor jenen Nachbarn da war, welche nunmehr Beschwerde führen. S wird sich auch entgegenhalten lassen müssen, dass sein Grundstück eben heute nicht mehr zum Dorfrand, sondern zum Dorfkern gehört. Er wird sich ferner sagen lassen müssen, dass es mit einer ländlichen Gegend allein nicht getan ist – dass mit anderen Worten auch die Landbevölkerung einen Anspruch auf Schutz vor dem Übermasse hat. Es ist also sicherlich richtig, dass auf dem Land – gerade was Tierlärm angeht – wesentlich mehr toleriert werden muss als in der Stadt – aber Grenzen gibt es auch hier. Der Betrieb einer grösseren Hundezucht oder auch eines Tierheims ist deshalb – so die Nachbarn sich beschweren – nur noch dort zulässig, wo man von »mindestens ziemlich abgeschiedener Grundstücks-Lage« sprechen kann. Ein Dorf(kern) ist dafür mit Sicherheit nicht geeignet. S wird deshalb entweder seine Hundezahl reduzieren oder umziehen müssen.

Nach diesem letzten Beispiel dürfte klar sein, dass die Grenzen des Eigentumsrechtes stets unmittelbar abhängig von den entsprechenden konkreten Umständen sind. Eine allgemein gültige Antwort gibt es hier also nicht. Grundsätzlich aber dürfte festzuhalten sein, dass man auf dem Land – was Tierlärm angeht – mehr in Kauf nehmen muss als in der Stadt. Aber: »Mehr« bedeutet eben auch hier noch lange nicht »alles«.

2. Rechtliches zum Hundekauf

Ein Kaufvertrag kann insbesondere im Hinblick auf die Art der Bezahlung auf ganz verschiedene Weise zustandekommen. Man kann beispielsweise verabreden, dass der Käufer den Kaufpreis im voraus zu entrichten hat oder aber, dass er diesen nach Erhalt des Kaufgegenstandes in Raten abzahlen kann. Damit sind keineswegs alle Varianten aufgezählt – für den Hundekauf sind diese verschiedenen Zahlungsmodalitäten allerdings kaum von Bedeutung. Dort dürfte es im Regelfall so sein, dass ein direkter Austausch der Leistung erfolgt. Mit anderen Worten: Man bezahlt den geforderten Kaufpreis und bekommt gleichzeitig und sozusagen im Austausch (Zug um Zug) das ausgesuchte Tier. Genannt wird ein solches Zug-um-Zug-Verhältnis im Kaufrecht Barkauf – und auf diesen Barkauf wollen wir uns im folgenden auch beschränken. Wichtig wird für uns dabei vor allem sein, was man bei einem Hundekauf erwarten darf und was nicht und was man im einzelnen tun kann, wenn sich berechtigte Erwartungen nicht erfüllen. Die rechtlichen Aspekte dieser Gebiete sind eine recht »trockene« Materie. Aus diesem Grunde werden auch hier zwei Beispiele aus der Praxis vorangestellt – die rechtlichen Grundlagen lassen sich so etwas anschaulicher darstellen. In diesem Sinne folgendes:

Züchter X warb im Hundesport für einen Wurf zwölf Wochen alter deutscher Schäferhunde. Er tat dies mit dem Text: »Beste Abstammung aus Siegerzucht, Elterntiere diverseste Prüfungen und Auszeichnungen, aboslut wesensfest, ausgeprägter Kampftrieb, HD-frei«.

Familie Y's zehnjährige Berner Sennenhündin war vor kurzem verstorben; Vater Y wünschte sich eine Nachfolgerin, mit welcher er »richtig arbeiten und nach Möglichkeit auch die Lawinenhundeprüfung machen« könne. Frau Y wollte ebenfalls wieder einen Hund. Sie war allerdings mehr daran interessiert, eine zur Zucht geeignete Hündin zu bekommen.

Auf das genannte Inserat hin setzten sich die beiden mit dem Züchter X in Verbindung und unterbreiteten ihm ihre Vorstellungen. Er empfahl hierauf den Kauf seiner zweitgeborenen Hündin, welche er als besonders wesensstark heraushob. Man wurde handelseinig und das Hündchen zog in sein neues Heim. In der Folge stellte sich heraus, dass aus verschiedenen Gründen keine Zuchttauglichkeit gegeben war; die gewünschte Wesensstärke fehlte ebenfalls. Familie Y reagierte empört und wollte die Hündin zurückgeben. Züchter X war hiermit überhaupt nicht einverstanden. Wer ist nun im Recht?

Indem Familie Y die käuflich erworbene Hündin zurückgeben will, strebt sie – juristisch gesprochen – eine sogenannte Wandelung des Hundekaufes an. Der Begriff »Wandelung« bedeutet dabei Aufhebung oder – wie das Gesetz sich ausdrückt – Rückgängigmachung des Kaufes. Kommt die Wandelung zustande, hat der Käufer den Kaufgegenstand (und den allfällig inzwischen bezogenen Nutzen) an den Verkäufer herauszugeben. Gleichzeitig erhält er vom Verkäufer den Kaufpreis mit Zinsen zurück und hat ferner Anspruch auf Ersatz der Verwendungen und der Kosten (beispielsweise Untersuchungskosten, Prozesskosten usw.). Hat er wegen des Mangels der Kaufsache einen Schaden gehabt, kann er vom Verkäufer überdies Schadenersatz verlangen. Mit anderen Worten: Beide Parteien müssen letzten Endes wieder so gestellt sein, wie sie vor oder ohne den misslungenen (Hunde)-Kauf waren.

Nun genügt aber bei weitem nicht jeder bei einem Welpen – oder allgemein ausgedrückt: bei einer Kaufsache – nach Kaufabschluss entdeckte Fehler bzw. »Mangel«, um einen solchen Wandelungsanspruch zu begründen. Voraussetzung hierfür ist einerseits, dass dem (Jung)-Tier eine Eigenschaft fehlt, deren Vorhandensein vom Züchter bzw. vom Verkäufer ausdrücklich zugesichert wurde (z. B. ausgeprägter Kampftrieb) oder aber, dass etwas, was der Käufer auch ohne ausdrückliche Zusicherung voraussetzen durfte, fehlt. Wer beispielsweise bei einem SKG-Züchter kauft, darf auch ohne ausdrückliche Erwähnung davon ausgehen, einen Hund mit anerkannten Papieren zu erwerben. Stellt er später fest, dass dem nicht so ist, so ist dies ein Mangel im genannten Sinne – auch wenn ihm der Züchter das Vorhandensein eines Stammbaums nirgends ausdrücklich zugesichert hat.

Abgesehen von einer zugesicherten oder zu Recht stillschweigend vorausgesetzten »Eigenschaft« des Tieres kommt aber noch ein weiteres Moment dazu, welches für einen Wandelungsanspruch erfüllt sein muss. Die nunmehr fehlende »Eigenschaft« muss nämlich für den Käufer so wesentlich sein, dass er aller Voraussehbarkeit nach den Kauf in voller Kenntnis der tatsächlichen Sachlage nicht getätigt hätte. Wenn also beispielsweise jemand einen angeblich vollständig gesunden Hund kauft, bei welchem sich dann später herausstellt, dass er in Tat und Wahrheit eine (vom Tierarzt ohne weiteres zu behebende) Ohrenentzündung hat, so ist das sicher Anlass für (berechtigten) Ärger. Überdies ist es auch ein Grund, sich mit dem Züchter – im Sinne einer Kaufpreisreduktion, zu welcher wir später kommen – über die Tragung der Tierarztkosten zu unterhalten. Ein »Wandelungs-Grund« wäre aber eine solche Ohrenentzündung in der Regel nicht. Denn das Behalten des Gekauften muss dem Käufer – immer abgestellt auf seine vorgebrachten Kaufwünsche – schon sozusagen »unzumutbar« sein, damit ihm das Recht zusteht, das Ganze rückgängig zu machen. Angewandt auf unseren Fall bedeutet dies nun folgendes: Züchter X kannte die Vorstellungen der Familie Y betreffend die gewünschten Eigenschaften ihres neuen Hausgenossen. Er unterliess es nicht nur, die offensichtlich nicht allzu »hundeversierten« Y's darauf aufmerksam zu machen, dass es für die Entwicklung eines jeden Welpen (sei es nun in zuchttauglicher oder »arbeitstauglicher« Hinsicht) bestenfalls eine gutfundierte Prognose, aber niemals eine Garantie gibt. Schliesslich braucht sich auch das Kind noch so kluger Eltern noch lange nicht zum Hochschul-Professor zu eignen – genausowenig kann man im Hinblick auf Hundekinder Garantien abgeben.

Züchter X ging aber noch weiter: Er sicherte die Wesensstärke des Junghundes sogar selber ausdrücklich zu. Wer sich (als Züchter) in Kenntnis einer ähnlichen Sachlage – also mit dem Wissen um eine solche »Bestimmung« des Tieres – auf derart dünnes Eis begibt, muss damit rechnen, dass sich auch die begründetsten Zucht-Erwartungen nicht erfüllen können – und dass dann u. U. ein erzürnter Käufer vor der Tür stehen wird, um – mit gutem Recht – die Rücknahme zu verlangen. Vorliegend kann die Familie Y den Hund also zurückgeben, weil ihm ohne Zweifel eine Eigenschaft fehlt, welche für sie beim Kauf ausschlaggebend war und überdies als gegeben zugesichert wurde.

Vielfach wird nun der Streit darüber entflammen, ob die nun als »Mangel« beanstandete und tatsächlich fehlende Eigenschaft wirklich zugesichert wurde oder eben doch nicht. Auch wenn sich die eine oder andere »Version« überhaupt beweisen lässt, ist das Ganze für beide Parteien in der Regel mit viel Ärger verbunden. Zu guter Letzt wird man nicht selten feststellen, dass Missverständnisse der Kern allen Übels waren. Es stellt sich also die Frage, wie solche (zumindest weitgehend) zu vermeiden sind.

Vermeiden kann man schon aus logischen Gründen nur etwas, von dem man weiss, dass und wie es entstehen kann. Bezogen auf Missverständnisse bedeutet dies, dass man sich fragen muss, wo der »Kommunikations-Haken« liegen könnte. Manchmal kommen Missverständnisse zustande, weil die eine Partei Aussagen der anderen keine oder nicht genügend Bedeutung beimisst. Erscheint beispielsweise ein offensichtlich noch unerfahrener »Hündeler« beim Züchter und sieht sich mit seinem zukünftigen Gefährten bereits – und natürlich problemlos – an der Spitze der Schutzhunde III-Rangliste, so darf der Fachmann solche Wunschträume nicht einfach »überhören«. Es gehört stattdessen zu seiner »Aufklärungspflicht«, den Betreffenden erst einmal wieder auf den Teppich zu bringen. Schliesslich lässt sich weder die Entwicklung des für den Kauf ins Auge gefassten Tieres mit absoluter Sicherheit vorhersagen, noch gehört zu einer erfolgreichen Hundesport-Laufbahn einzig ein guter Hund. Gerade der Hunde-Anfänger wird einem Stillschweigen des fachkundigen Züchters – oder gar einem positiven Kommentar – mit steter Regelmässigkeit eine Bedeutung zumessen, die vom Fachmann mitnichten angestrebt wurde; schon ist das Missverständnis da. Der Züchter darf sich in dieser Situation jedenfalls nicht wundern, wenn ihm der Käufer – falls dann eben doch nicht alles so klappt, wie es hätte klappen sollen – später voller Überzeugung entgegenhält, er (der Züchter) habe ihm den »Hunde-Erfolg garantiert« – möge dies in den Augen des Züchters auch völlig anders gewesen sein.

Selbst in Kontakt mit einem versierten »Hündeler« dürfte der Züchter meist der (fachmännischere) Fachmann sein. Kommt es zu einem Gerichtsfall, wird er sich deshalb nur zu oft sagen lassen müssen, dass er – mit seiner Erfahrung – dies und jenes eben hätte wissen sollen oder voraussehen können. Formulierungen, von denen er – aus seiner Sicht – geneigt ist, anzunehmen, sie seien ganz offensichtlich als blosser unverbindlicher »Überschwang« – mit anderen Worten also als bewusste Übertreibung – zu erkennen gewesen, werden ihm nun auf einmal als rechtsverbindlich angelastet. Er als fachkundige(re) Partei hätte eben wissen müssen, dass der Käufer eine Übertreibung des Fachmannes nicht notwendigerweise als solche versteht, sondern für »bare Münze« nimmt.

In diesem Zusammenhang sind auch die teilweise geradezu »Lobgesang«-ähnlichen Inserate beispielsweise im Hundesport zu würdigen. Es ist zwar mehr als verständlich, wenn ein auf »seinen« Wurf stolzer Züchter versucht, diesen – von seiner Warte aus objektiv – im besten Licht zu präsentieren. Ungefährlich ist solches Vorgehen allerdings nicht. Auch hier ist nämlich insbesondere der unerfahrene Kauf-Interessent geneigt, Eigenschaften und Auszeichnungen der Elterntiere als auch im Hinblick auf den Welpen massgebend zu interpretieren. Erkennt der Züchter im Verkaufsgespräch das Vorhandensein solcher »Projektionen«, ist das Ziehen einer ganz klaren Trennlinie zwischen den Gegebenheiten, Anlagen und Fähigkeiten der Elterntiere einerseits und den beim Jungtier mutmasslich vorhandenen Eigenschaften andererseits dringend vonnöten.

Wer als Züchter keine Gefahr laufen will, irgendwann – sei es in Form unzufriedener Hundehalter, sei es in Form enttäuscht zurückgebrachter Tiere – doch mit (massiven) »Irrtümern« auf der Käuferseite konfrontiert zu werden, tut überdies gut daran, seine im Hinblick auf den Verkauf abgegebenen »Garantien« schriftlich zu fixieren bzw. in einer kurzen Vereinbarung mit dem Käufer festzuhalten. Zum einen nimmt man nämlich das, was man schwarz auf weiss sieht und zwecks gegenseitiger Unterschrift notgedrungen auch lesen muss, weit besser zur Kenntnis als blosse Äusserungen im Gespräch. Hat deshalb der zukünftige Hundebesitzer irgendetwas als Zusicherung verstanden, was nun im Text – da vom Züchter gar nicht als solche gedacht – fehlt, so dürfte das Missverständnis vor der Vertragsunterzeichnung festgestellt und geklärt werden können. Zum andern wirkt es sich gerade in einem Streitfall oft äusserst nachteilig aus, dass (meist) hinsichtlich der einzelnen getroffenen Abreden, Zusagen oder Einschränkungen überhaupt nichts Schriftliches vorhanden ist.

Manch ein »Hundehändel« hätte im Handumdrehen beigelegt werden können, wenn statt stets »interpretationsbedürftiger« Worte etwas Handfestes bzw. Schriftliches vorgelegen hätte. Die schriftliche Vertragsform liegt somit im Interesse beider Parteien – insbesondere der Züchter sollte sich aber unbedingt mit diesem Gedanken anfreunden, um so der verstärkten Tendenz ungerechtfertigter Sachgewährleistungsprozesse vorbeugend Rechnung zu tragen.

Selbstverständlich gibt es unzählige Möglichkeiten, die vereinbarten Punkte schriftlich zu fixieren. Die Vergangenheit hat allerdings gezeigt, dass oft nur deshalb auf die Schriftform verzichtet wurde, weil der einzelne – sei es nun Züchter oder Käufer – nicht genau weiss, wie man das Wesentliche ohne grossen Aufwand regeln kann. Zur Vereinfachung findet sich deshalb auf der nächsten Seite ein Mustervertrag – dieser kann gegebenenfalls ohne weiteres fotokopiert werden. Wenn in der Folge beide Parteien ein gegengezeichnetes Vertragsexemplar in Händen halten, dürften die wesentlichsten »Reibungspunkte« ausgeschaltet sein. Aber nochmals: Die nachfolgend abgedruckte Variante ist nichts als ein Muster – es gibt unzählige andere Möglichkeiten, eine solche Vereinbarung aufzusetzen. Wichtig ist einfach, dass die verabredeten Punkte auch wirklich darin enthalten sind.

Nachdem wir nun anhand der beiden Beispiele ein bisschen in die Problematik Einblick genommen haben, dürfte es einfacher sein, die nachfolgenden rein rechtlichen Ausführungen zu verstehen. Sie sollen nochmals in

(Original für den Käufer; Durchschlag bleibt beim Verkäufer)

Vereinbarung betreffend Hundekauf

.... als Verkäufer und

.... als Käufer

halten heute, den .... fest:

1. Zum Verkauf gelangt folgender Hund: Name ....
   Rasse .... Geschlecht .... Wurfdatum ....
   SHSB-Nr. .... Züchter ....
   Ausbildung ....
   Prüfungen ....
   Auszeichnungen ....
   Ankörung (Ja/Nein) .... HD-Befund ....
   Sonstiges (Gesundheitszust., bes. Eignung usw.) ....
   ....

2. Die Daten der Elterntiere sind aus der Ahnentafel ersichtlich.
   Zu ergänzen ist
   a) hinsichtlich der Mutter: Prüfungen ....
      Auszeichnungen ....
      HD-Befund ....
      Sonstiges ....
   b) hinsichtlich des Vaters: Prüfungen ....
      Auszeichnungen ....
      HD-Befund ....
      Sonstiges ....

3. Jede über das Einstehen des Verkäufers für obgenannte Angaben hinausgehende Haftung wird weggebunden.

4. Der Käufer übernimmt das Tier am .... in ....
5. Der Kaufpreis wird auf Fr. .... festgesetzt. Es wurde bereits eine Anzahlung von Fr. .... geleistet; Restzahlung erfolgt ....

6. Allfälliger Gerichtsstand ist der Geschäftssitz des Verkäufers; also

....

....

der Verkäufer der Käufer

allgemeiner Form festhalten, welche Rechte der Käufer im einzelnen hat und welche Möglichkeiten ihm zur Verfügung stehen, wenn etwas daneben geht. Der Vollständigkeit halber wollen wir mit der im Hundekauf wohl nicht allzu üblichen »Rechtsgewährleistung« beginnen.

Unter »Rechtsgewährleistung« versteht man die Haftung des Verkäufers gegenüber dem Käufer dafür, dass ihm sein Recht an der Kaufsache nicht von einem Dritten streitig gemacht wird. Die Fälle der Rechtsgewährleistung sind im Kaufrecht ganz allgemein nicht sehr zahlreich – dies deshalb, weil ein gutgläubiger Käufer nach den hier massgebenden Grundsätzen des Sachenrechts das Eigentum an der Kaufsache selbst dann erlangt, wenn der Verkäufer etwas ihm an sich nur Anvertrautes verkauft hat. Dies bedeutet, dass der Käufer in der Regel also auch dann Eigentümer wird, wenn der Verkäufer zum Verkauf gar nicht berechtigt gewesen wäre. Für uns wesentlich ist die Rechtsgewährleistung nur insoweit, als wir wissen müssen, dass wir uns am Verkäufer schadlos halten könnten, wenn wir tatsächlich gezwungen wären, den gekauften Hund wieder herauszugeben. Ein solcher Fall dürfte praktisch noch nie vorgekommen sein – es ist deshalb müssig, im einzelnen auf das Prozedere einzugehen. Viel wichtiger für uns sind die sogenannten »Sachgewährleistungsansprüche«.

Unter »Sachgewährleistung« versteht man das Einstehen des Verkäufers gegenüber dem Käufer für die »Nützlichkeit und Tauglichkeit« des Kaufgegenstandes und die Haftung für das Fehlen bestimmter Eigenschaften oder für das Vorhandensein bestimmter Mängel. Die Sachgewährleistung hat also mit anderen Worten eine Art Garantiefunktion – sie soll den Käufer gegen eine Beeinträchtigung oder Wertverminderung des Kaufgegenstandes sicherstellen, soweit diese auf das Fehlen von Eigenschaften oder auf das Vorhandensein von Mängeln zurückzuführen sind.

Es stellt sich nun die Frage, welche »Eigenschaften« der Kaufsache hier gemeint sind. Dabei sind mehrere Varianten denkbar. Entweder hat der Verkäufer gewisse Eigenschaften der Kaufsache auf positive Weise zugesichert, also beispielsweise gesagt, dieser oder jener Hund sei zuchttauglich. Oder aber der Verkäufer hat mit einer negativen Aussage zum Ausdruck gegeben, gewisse Mängel seien nicht vorhanden – der fragliche Hund sei beispielsweise HD-frei. Im Falle der positiven Zusicherung gewisser Eigenschaften bleibt in jedem Fall zu prüfen, ob es sich dabei bloss um eine reklamehafte Anpreisung handelt, für die der Verkäufer nach der Anschauung im Verkehr nicht einzustehen hat. Als solch »unverbindliche

Reklame« dürfen allerdings nur Aussagen betrachtet werden, deren »Reklame-Charakter« auch wirklich erkennbar war – die Frage der Erkennbarkeit muss nach den Umständen sehr unterschiedlich beantwortet werden.

Die Haftung des Verkäufers besteht im übrigen auch nicht generell bzw. hinsichtlich aller Mängel. Keine Haftung besteht beispielsweise dann, wenn der einzelne Mangel dem Käufer bekannt war oder »bei Anwendung gewöhnlicher Aufmerksamkeit erkennbar« gewesen wäre. »Der Mangel muss verborgen sein, nicht der Käufer blind« (Rabel). Etwas anderes gilt nur, wenn der Verkäufer ausdrücklich zusicherte, die Kaufsache habe keine Mängel. Dann hat der Käufer den Vorteil, dass ihm der Verkäufer im Gewährleistungsprozess die Erkennbarkeit von Mängeln nicht entgegenhalten kann.

Gemeinsam für beide Fälle gilt nun die Regel, dass die umstrittene Eigenschaft der Kaufsache (sei es nun deren Fehlen oder deren Vorhandensein) für den Entschluss des Käufers, zu den vereinbarten Vertragsbedingungen zu kaufen, »kausal« gewesen sein muss. Unter »kausal« ist dabei zu verstehen, dass der Käufer – wenn er den wirklichen Sachverhalt gekannt hätte – aller Voraussehbarkeit nach den entsprechenden Kauf nicht getätigt hätte. Gelingt also mit anderen Worten dem Verkäufer der Nachweis, dass die umstrittene Eigenschaft für den Käufer bedeutungslos war – dass er also so oder so gekauft hätte – so kommt die Sachgewährleistung nicht zum Zuge.

Abschliessend kann – völlig unabhängig von einer Aussage des Verkäufers – ein Sachgewährleistungsfall auch dann eintreten, wenn der Kaufsache eine Eigenschaft fehlt, welche der Käufer »nach Treu und Glauben« als gegeben voraussetzen durfte. Hier sei auf das Beispiel mit dem Stammbaum verwiesen: Wer einen Hund bei einem SKG-Züchter erwirbt, der darf in guten Treuen davon ausgehen, das Tier sei reinrassig und habe die erforderlichen Papiere. Dies wäre also eine Eigenschaft, die man auch ohne ausdrückliche Zusicherung »nach Treu und Glauben« als gegeben annehmen darf.

Liegen nun also solche Sachmängel vor, so haftet der Verkäufer. Er haftet auch dann, wenn ihn kein Verschulden trifft – ja selbst, wenn er die Mängel nicht gekannt hat und sie auch nicht sehen konnte. Aber: Die Gewährleistungsvorschriften des Gesetzes sind dispositiver Natur; die Parteien können sich also auch anders einigen. Dies bedeutet, dass die Haftung des

Verkäufers vertraglich eingeschränkt oder auch gänzlich wegbedungen werden kann. Auch unzweideutige Ausschlussklauseln vermögen die Haftung für Mängel allerdings dann nicht zu beseitigen, wenn diese völlig ausserhalb dessen liegen, womit der Käufer vernünftigerweise zu rechnen hatte. Unbeachtlich ist eine Wegbedingung der Haftung auch immer dann, wenn der Verkäufer den Mangel arglistig verschwiegen hat. Auch in anderer Hinsicht wird der arglistig handelnde Verkäufer strenger behandelt: Seine Haftung tritt auch dann ein, wenn der Käufer die sonst erforderliche Anzeige an den Verkäufer versäumt oder verspätet vorgenommen hat. Von was für einer Anzeige ist aber hier die Rede?

Die Voraussetzungen der Sachgewährleistung finden ihre Erklärung und Begründung in dem Bedürfnis, auch die Interessen des Verkäufers zu schützen und ihn vor Nachteilen zu bewahren. Dies hat zur Folge, dass er nicht sozusagen endlos »in der Schwebe« gelassen werden kann. Der Käufer muss also mit anderen Worten die Kaufsache rechtzeitig untersuchen (oder untersuchen lassen, wenn ihm selbst die nötige Sachkenntnis fehlt). Dabei ist er nicht etwa gehalten, nach verborgenen Mängeln »zu fahnden« – er muss das Gekaufte ganz einfach ordnungsgemäss überprüfen. Stellt er dabei einen Mangel fest, so hat er dem Verkäufer unverzüglich Anzeige zu machen. Eine besondere Form ist für diese Mitteilung nicht vorgeschrieben. Allerdings dürfte es sich empfehlen, dies schriftlich und sogar eingeschrieben zu tun, um späteren Beweisschwierigkeiten aus dem Wege zu gehen. Inhaltlich ist es auch nicht etwa einfach damit getan, dem Verkäufer mitzuteilen, die Sache habe einen Mangel – die Gerichtspraxis spricht sich hier eindeutig dafür aus, dass die festgestellten Mängel in der Anzeige benannt und auch umschrieben werden müssen. Nur so kann schliesslich der Verkäufer feststellen, ob es sich um an den Haaren herbeigezogene Beanstandungen oder aber wirklich um einen Mangel im Sinne des Gesetzes handelt. Was ist nun unter »unverzüglicher Anzeige« zu verstehen?

Dass ein Mangel nicht gerügt werden kann, bevor man ihn überhaupt entdeckt, liegt auf der Hand. Dies hat zur Folge, dass dem Käufer auf jeden Fall jene Frist zugestanden werden muss, welche er zur ordnungsgemässen Prüfung der Kaufsache braucht. Dann aber hat er wirklich »unverzüglich« – also »ohne Verzug« – zu handeln; damit ist zweifellos eine sofortige Mitteilung gemeint. Zwar steht es den Parteien frei, die »Rügefrist« durch Verabredung zu verlängern – meist wird aber mit einer solchen Verlängerung die Verjährungszeit gemeint sein. Zu rügen ist also im Zweifel sofort, denn eine Unterlassung der fristgerechten Mängelrüge bedeutet rechtlich die Genehmigung der Kaufsache. Wer also einen festgestellten Mangel nicht unverzüglich geltend macht, der bleibt auf der mangelhaften Sache sitzen – anderes gilt nur, wenn er vom Verkäufer absichtlich getäuscht worden ist.

Es stellt sich nun weiter die Frage, wie lange Gewährleistungsansprüche geltend gemacht werden können – wann also mit anderen Worten die Verjährung von Gewährleistungsklagen eintritt. Sofern nicht vertraglich eine Garantie auf längere Zeit begründet worden ist, verjähren diese mit Ablauf eines Jahres nach Ablieferung der Kaufsache an den Käufer. Hat man eine Sache also vor mehr als einem Jahr erworben, so kann man keine »selbständigen Gewährleistungsansprüche« mehr geltend machen. Man hat dann nur noch die Möglichkeit, die Mangelhaftigkeit als sogenannte »Einrede« gegenüber einer Klage des Verkäufers geltend zu machen. Wenn also beispielsweise der Verkäufer den Kaufpreis erst später fordert, so kann man im Prozess einredehalber noch vorbringen, die Sache sei mangelhaft gewesen, auch wenn das »Garantie-Jahr« schon vorbei ist. Selbständige Ansprüche aus Sachgewährleistung kann man aber nicht mehr stellen. Wir kommen damit zur Frage, worin diese »selbständigen Ansprüche« denn überhaupt bestehen.

Die Ansprüche des Käufers aus der Sachgewährleistung äussern sich (beim Vorhandensein der aufgezählten Voraussetzungen) in einem Wahlrecht. Der Käufer kann Wandelung des Kaufes oder Ersatz des Minderwertes (Minderung) verlangen. Handelt es sich beim gekauften um sogenannte »Gattungsware« – also Ware, welche es in mehreren gleichen Ausführungen gibt –, kann er ferner den beanstandeten Kaufgegenstand zurückgeben und hierfür Ersatz beanspruchen. Beim Hundekauf entfällt diese dritte Variante, da ein Hund zweifellos keine »Gattungsware« darstellt. Hier bleibt also nur die Wandelung und die Minderung.

Was unter Wandelung eines Kaufes zu verstehen ist, haben wir bereits gesehen. Wandelung bedeutet nichts anderes als Aufhebung oder »Rückgängigmachen«. Beide Parteien haben das zurückzugeben, was sie erhalten haben. Haben sie in der Zwischenzeit Nutzen aus der Sache gezogen (beispielsweise Zinsen des Kaufpreises), so sind auch diese zurückzuerstatten. Der Käufer hat ferner Anspruch auf Ersatz der Verwendungen und Kosten und – so ihm ein Schaden entstanden ist – einen Schadensersatzanspruch. Ein weiterer Aspekt mag überdies eigentümlich erscheinen: Der zufällige Untergang der Kaufsache oder deren Untergang zufolge des Mangels hindert den Käufer nämlich nicht etwa daran, einen Wandelungsanspruch zu stellen. Er braucht einfach seiner Rückgabepflicht nicht mehr nachzukommen – im übrigen bleibt sich die Sache gleich. Wenn also ein als gesund gekaufter kranker Hund an seiner Krankheit stirbt, so kann der Käufer die Wandelung des Kaufvertrages verlangen, obwohl er das Tier ja nicht mehr zurückgeben kann – der eingangs erwähnte Ausdruck »Rückgängigmachen des Kaufes« ist also mehr sinnbildlich als wörtlich zu verstehen.

Statt der Wandelung kann der Käufer vom Verkäufer auch bloss den Ersatz des Minderwertes verlangen, welchen die Kaufsache infolge der Mängel aufweist. Diese sogenannte »Minderung« stellt es dem Käufer also frei, die Sache trotz seiner (begründeten) Beanstandung zu behalten und vom Verkäufer statt einer Rückgabe zu verlangen, den Kaufpreis nachträglich entsprechend herabzusetzen. Ausser dem Ersatz des Minderwertes, der selbst nicht Schadenersatz darstellt, stehen dem Käufer auch hier Schadenersatzansprüche zu (sofern überhaupt ein Schaden vorhanden ist). Das Gesetz sieht zwar im Zusammenhang mit der Minderung solche Schadenersatzansprüche nicht ausdrücklich vor – die Gerichtspraxis hat hier aber Abhilfe geschaffen.

Zusammenfassend lässt sich also sagen, dass der Käufer durch die gesetzlichen Sachgewährleistungsansprüche in der Regel gut abgesichert ist. Dies darf aber nicht darüber hinwegtäuschen, dass eine vertragliche Beschränkung der Haftung und insbesondere auch eine vertragliche Beschränkung der Rechtsbehelfe des Käufers durchaus zulässig und in der Praxis auch gang und gäbe ist. Nicht wenige Verträge schliessen beispielsweise die Wandelung aus oder begrenzen die Schadenersatzansprüche des Käufers summenmässig, sofern sie sie nicht völlig wegbedingen. Bei Unterzeichnung eines Kaufvertrages empfiehlt es sich dementsprechend, auch die kleiner gedruckten Passagen gründlich zu lesen – nur so weiss man, ob man durch seine Unterschrift allenfalls auf etwas verzichtet. Ferner gilt es auch, die erwähnte kurze Verjährung im Auge zu behalten und – wenn innerhalb der hier zur Verfügung stehenden Frist von einem Jahr ein entsprechender Mangel auftritt – keine Zeit zu verlieren bzw. sofort Mängelrüge zu erheben. Hat man hier nichtsdestrotrotz etwas verpasst, so steht man – was das Kaufsrecht angeht – meist auf verlorenem Posten. Manchmal kommt man dann aber noch über andere rechtliche Wege wie beispielsweise die Schadenersatzklage wegen Nicht- oder nichtgehöriger Erfüllung weiter. Die Erläuterung solchen alternativen Vorgehens würde den Rahmen dieses Buches sprengen – wichtig ist nur, dass der Betroffene weiss, dass er unter Umständen trotz verpasster Rügefrist oder ähnlichem nicht auf verlorenem Posten steht. Es gibt fast überall in der Schweiz zum Teil auch unentgeltliche Rechtsauskunftsstellen. Diese können und sollen ja in einem solchen Fall kontaktiert werden – gegebenenfalls können sie weiterhelfen.

III. Die Verantwortung des Tierhalters für seinen Hund

1. Wer ist »Tierhalter« im Sinne des Gesetzes?

Im ganzen Umgang mit dem »Hunderecht« birgt der Begriff der »Tierhalterschaft« so ziemlich die meisten Missverständnisse in sich. Vielerorts hat man zwar schon etwas von »Tierhalter-Haftpflicht« gehört, ist aber der Auffassung, solange man keinen eigenen Hund habe, brauche man sich damit nicht genauer zu befassen. Mit anderen Worten: Für das, was ein Hund anrichte, habe man ohnehin nur einzustehen, wenn er einem auch gehöre. Wie das nachfolgende Beispiel zeigt, kann dies ein verhängnisvoller Irrtum sein:

Familie A besitzt den vierjährigen Riesenschnauzer-Rüden »Don«, welcher – obwohl gut erzogen und ansonsten ein liebes und folgsames Tier – offensichtlich etwas gegen Dackel hat. Frau A hat den Hund denn auch deswegen immer gut im Auge, wenn sie mit ihm unterwegs ist. Taucht im entferntesten Umkreis ein Dackel auf, muss Don auch auf der Hundewiese sofort an die Leine. Auch Frau B, welche Frau A auf ihren Spaziergängen oft begleitet, hält dann stets nach Dackeln Ausschau – einmal konnte nur dank ihrer Aufmerksamkeit eine Rauferei im letzten Moment verhindert werden.

Als Familie A im Sommer 1982 Richtung Süden in die Ferien fährt, nimmt Frau B den Hund »in Pflege«. In der ersten Woche klappt alles wunderbar – kurz darauf geschieht dann aber das Unglück. Während nämlich Frau B plaudernd mit einer Nachbarin zusammensteht, stürzt sich etwas entfernt der nicht angeleinte Don auf einen spielenden Dackel-Rüden und beisst zu; sein »Opfer« verendet an den Folgen dieses Bisses. Frau B versichert dem Dackel-Besitzer, Familie A werde nach ihrer Rückkehr ohne Zweifel für den durch Don angerichteten Schaden aufkommen. Indessen: Die A's stellen sich auf den Standpunkt, Frau B sei an diesem unglückseligen Vorfall schuld. Sie habe nicht aufgepasst– deshalb solle sie auch bezahlen. Ist diese Auffassung begründet?

Wie eingangs erwähnt ist die Vorstellung, nur für den eigenen Hund verantwortlich zu sein, weit verbreitet. Viele nehmen deshalb während kürzerer oder auch längerer Zeit – und oft rein gefälligkeitshalber – einen fremden Hund »in Pension«, ohne sich überhaupt darüber Gedanken zu machen, was ein solcher »Gast« unter Umständen alles anstellen kann. Und selbst wenn das Risiko einkalkuliert wird, geht man davon aus, im Notfall habe ja dann der Eigentümer für einen allfälligen »Hundeschaden« einzustehen – genau dieser Trugschluss kann sehr teuer werden. Die Haftung für durch (Haus)-Tiere »begangene« Missetaten richtet sich nämlich keineswegs nach den entsprechenden Eigentumsverhältnissen. Sie knüpft stattdessen an den Begriff des »Tierhalters« an – möge dieser nun mit dem Eigentümer identisch sein oder nicht.

Es ist somit von ausschlaggebender Bedeutung zu wissen, unter welchen Voraussetzungen man rechtlich zum Tierhalter wird. Dies geschieht nämlich völlig unabhängig davon, ob man es nun will oder nicht – und wenn man die Tierhaltereigenschaften erfüllt, so muss man (sofern die in den folgenden Kapiteln behandelten Kriterien ebenfalls erfüllt sind) durchaus auch für die Untaten eines »Hundegastes« aufkommen.

Die Beurteilung der Frage, ob ein »Halterverhältnis« vorliege, gründet auf der Überlegung, dass nur die Person für einen »Hundeschaden« verantwortlich gemacht werden kann, welche auch wirklich in der Lage ist bzw. in der Lage gewesen wäre, diesen Hundeschaden durch anderes Verhalten (vermehrte Sorgfalt in der Überwachung, sicherere Verwahrung oder sonstiges auf das Tier bezogenes Handeln) zu vermeiden. Nur derjenige, welcher effektiv und »in eigener Regie« über ein Tier »verfügen« kann, hat es nämlich logischerweise überhaupt in der Hand, Massnahmen zu treffen, welche nach Möglichkeit ausschliessen, dass der entsprechende Vierbeiner einen Schaden anrichten kann.

Daraus ergibt sich, dass das »Zeitmoment« für den Tierhalter-Begriff nicht von Bedeutung sein kann. Es spielt also keine Rolle, ob man einen »Hundegast« nur für kurze oder aber für längere Zeit unter seiner Obhut hat. Kann man auch während einer nur kurzen Periode selbst das Mass an Sorgfalt bestimmen, welches man für die Betreuung bzw. Beaufsichtigung eines Tieres aufwenden will, ist man »Gewaltinhaber« und damit Tierhalter. Bei einem »Pflegehund« steht es einem beispielsweise in der Regel jederzeit offen, diesen aus den vielfältigsten Sicherheitsgründen ausschliesslich an der Leine spazieren zu führen – es kann also keine Rolle spielen, ob man den Hund für einen Tag oder für eine ganze Woche bei sich aufgenommen hat.

Nur unter ganz speziellen Umständen kann man der »Tierhalter-Qualifikation« entgehen; dies beispielsweise dann, wenn man wegen Unkenntnis einer speziellen Sachlage gar nicht in der Lage gewesen wäre, den eingetretenen Schaden zu verhüten. Solches wäre beispielsweise der Fall, wenn man einen »Hunde-Gast« aufnimmt, welcher als notorischer Beisser ständig einen Maulkorb tragen müsste und man dies weder weiss noch bei der Übergabe des Tieres darauf aufmerksam gemacht wurde. Dieser Aspekt des »Nichtwissenkönnen« wird in einem der folgenden Kapitel behandelt – in unserem Fall spielt er keine Rolle, weil Frau B mit dem Dackel-Hass ihres Ferienzöglings bestens vertraut war. Sie allein hatte es am Unfalltag in der Hand, Don auf dem Spaziergang entsprechend zu beaufsichtigen; der Hund stand damals zweifellos ausschliesslich unter ihrer »Gewalt«. Damit war sie zur fraglichen Zeit Tierhalterin und hat für den durch ihre Unachtsamkeit entstandenen Schaden einzustehen. Selbst ein paar Minuten harmlosen Plauderns können also u. U. teuer werden.

Die oben geschilderten Voraussetzungen für die Tierhalter-Eigenschaft wollen nun aber nicht etwa bedeuten, dass einfach jeder, der mit einem Tier zu tun hat, zum Tierhalter wird. Der Tierhalter kann nämlich unter Umständen auch Drittpersonen beiziehen, welche die Tierhalter-Eigenschaften ihrerseits nicht erwerben – dies hat dann zur Folge, dass die Haftung bei der ursprünglichen Person verbleibt. Wann dies der Fall ist, wollen wir anhand des folgenden Beispiels betrachten:

Die fünfzehnjährige Eva P ist ein Hundefan. Sie hätte schon längst einen eigenen Hund; der Vermieter der elterlichen Wohnung lässt sich aber nicht erweichen. So versucht sie ihr Glück in den Sommerferien bei einem benachbarten Hundeferienheim und bietet dort ihre »Gratis-Dienste« an. Sie wird mit offenen Armen aufgenommen, erhält einen »Schnellkurs« und betreut fortan entsprechend den Weisungen der Heimleiterin bald allein fast zwanzig Hunde. Nebst der Fütterung und Pflege der Tiere hält sie auch die Boxen in Ordnung, führt die Hunde am Vormittag je zu zweien spazieren und lässt am Nachmittag alle zusammen auf eine separate »Rennwiese«.

Kurz vor Ferienende kommt es auf der Rennwiese zu einer Keilerei zwischen zwei Rüden. Eva gelingt es zwar, die übrigen Hunde herauszuhalten und nach und nach wieder in ihre Boxen zu verstauen; die beiden Streithähne bringt sie nicht auseinander. Während sie noch überlegt, was sie denn überhaupt tun könnte, fliesst bereits Blut. Die Sache endet mit einem abgerissenen Ohr und sonst noch etlichen »tierarztträchtigen« Schrammen.

In der Folge können zwar beide Hunde wiederhergestellt werden; an Tierarztkosten kommt allerdings etliches zusammen. Die ihre Hunde wieder abholenden Eigentümer weigern sich, hierfür aufzukommen. Sie stellen sich auf den (völlig richtigen) Standpunkt, die Heimleiterin sei zum fraglichen Zeitpunkt Tierhalterin gewesen. Wenn sie gegen zwanzig Hunde miteinander rennen lasse, beschwöre sie eine Gefahr geradezu herauf – demzufolge habe sie für den Schaden nun auch selber einzustehen.

Die Heimleiterin sieht ein, dass sie die Tierarztrechnung nicht auf die Hundeeigentümer abwälzen kann. Stattdessen will sie nun auf Eva greifen. Eva habe die Aufsicht über die Tiere gehabt – wenn sie schneller oder besser reagiert hätte, wäre gar nichts passiert. Also solle sie – bzw. ihre Eltern – nun auch bezahlen. Ist diese Auffassung richtig?

Wie oben dargestellt, ist derjenige als Tierhalter zu qualifizieren, welcher effektiv und »in eigener Regie« über ein Tier »verfügen« und deshalb auch Massnahmen zur Schadensverhütung treffen kann. Der Inhaber bzw. Leiter eines Hundeferienheims wird damit hinsichtlich seiner »Pensionäre« zweifellos zum Tierhalter – dementsprechend trägt er auch die Verantwortung. Kann er diese Verantwortung nun aber auf Dritte abschieben, die ihm ganz oder teilweise bei der Betreuung der Hunde behilflich sind?

Sofern diese Dritten nach genauen Weisungen zu arbeiten haben und der Tierheim-Leiter sich ihrer in solch untergeordnetem Rahmen »für seine Zwecke« bedient, kann er dies eindeutig nicht. Dabei kommt es überhaupt nicht darauf an, ob die Tätigkeit des Dritten aus einem Arbeitsvertrag oder überhaupt aus einem Vertrag herrührt – unwesentlich ist auch, ob der Dritte für sein Wirken sein Entgelt erhält oder nicht. Sobald er den Tierhalter bei der Betreuung in dem Sinne entlastet, als er sich an dessen Weisungen zu halten hat und ihm damit untergeordnet ist, ist der Dritte rechtlich einzig und allein »Hilfsperson« – die Tierhaltereigenschaft bleibt von seinem Tun unberührt.

Vorliegend wurde Eva P von der Heimleiterin in einem »Schnellkurs« angelernt – in der Folge betreute sie die Tiere nach deren Weisungen. Sie war angehalten, »ihre« Hunde jeweils nachmittags allesamt auf die Rennwiese zu lassen – als Hilfskraft hatte sie sich selbstverständlich nach den

Instruktionen ihrer Chefin zu richten. Sie durfte dies auch in guten Treuen tun; konnte sie doch ohne weiteres davon ausgehen, dass die Heimleiterin zufolge ihrer Erfahrung das Richtige anordnen würde.

Dass der Entscheid, knapp zwanzig nicht miteinander vertraute Hunde gleichzeitig einer nicht-hundeerfahrenen Jugendlichen zu überlassen, schon in sich mehr als zweifelhaft ist, liegt auf der Hand. Ganz abgesehen davon, dass keineswegs feststeht, ob die Rauferei bei »fachkundigerem« Eingreifen hätte vermieden werden können, war vorauszusehen (oder besser: wäre vorauszusehen gewesen), dass Eva einer solchen Situation kaum gewachsen sein würde. Selbst wenn sich Eva also wirklich nicht unbedingt optimal verhalten haben sollte, wäre ihr – nicht einmal moralisch – ein Vorwurf zu machen. Aber wie dem auch sei – Tierhalterin zur Unfallzeit war die Heimleiterin. Da auch die im nächsten Kapitel behandelten Voraussetzungen erfüllt waren, hatte sie für den Schaden einzustehen – und musste schlussendlich froh sein, dass es sich dabei »nur« um die Tierarztrechnung handelte.

Zusammenfassend können wir an dieser Stelle also folgendes festhalten:

1. Um im rechtlichen Sinne und mit allen Konsequenzen Tierhalter zu sein, braucht man sich keineswegs einen eigenen Hund anzuschaffen. Es genügt bereits, dass man einen fremden Vierbeiner in Obhut nimmt – vorausgesetzt, man kann »selbständig« über das Tier »verfügen« und hätte es so in der Hand, zumutbare Massnahmen zur Schadensverhinderung zu treffen.

2. Ein Tierhalter kann sich nicht durch den Beizug von Drittpersonen »entlasten«. Sofern diese sich bei der Betreuung der Tiere an seine Anweisungen zu halten haben – ihm also mit anderen Worten »untergeordnet« sind –, sind sie rechtlich Hilfspersonen. Das Verhalten von Hilfspersonen wird dem Tierhalter aber wie sein eigenes angerechnet.

2. Wann kommt die Tierhalter-Haftung zum Zuge?

Wie wir gesehen haben, ist man ziemlich schnell Tierhalter im rechtlichen Sinne – insbesondere viel schneller, als man es oft glaubt. Tierhalter sein und als Tierhalter aus Haftungsgründen zur Kasse gebeten werden, ist nun aber nicht unbedingt dasselbe. Die Frage der Haftung hängt mit etlichen weiteren Fragen zusammen, welche der Anschaulichkeit halber auch hier an Beispielen verdeutlicht werden sollen. Beginnen wollen wir mit folgendem Fall:

Familie D besitzt ein Einfamilienhaus in einem Villenquartier, in welchem regelmässig eingebrochen wird. Zum Schutz schafft sie sich einen bereits »auf den Mann abgerichteten« Dobermann namens »Arras« an, welcher sich in der Folge auch wirklich als äusserst »angriffslustig« erweist. Da er sich auf sämtliche Lieferanten, Briefträger und ähnliches zu stürzen pflegt, versieht Herr D das Gartentor mit einem grossen Schild »Warnung – bissiger Hund – Eintritt auf eigene Gefahr«. Dies nützt nur bedingt, da Arras nunmehr die Gewohnheit annimmt, über den Zaun zu springen und Passanten anzufallen. Familie D will den Hund aus Sicherheitsgründen aber trotzdem behalten. Um zu verhindern, dass einmal jemand durch Arras ernsthaft verletzt wird, lassen die D's nunmehr den Zaun auswechseln bzw. durch ein absolut »ausbruchssicheres« Exemplar ersetzen.

An einem Frühlingstag des Jahres 1983 hat sich Herr D des Morgens verspätet; in der Eile fährt er weg, ohne das Gartentor zu schliessen. Wenig später entdeckt Arras seine »Chance«, benutzt die Gelegenheit, auszurücken und stürzt sich auf einen herannahenden Radfahrer. Dieser versucht dem Biss des Hundes zu entgehen, weicht aus und kollidiert dabei mit einem korrekt gelenkten Auto. Folgen: ein gebrochenes Bein und einige Schrammen, ein leicht beschädigtes Fahrrad und eine Beule im Kotflügel des Autos. Sowohl Automobilist als auch Rennfahrer wenden sich diesbezüglich an Herrn D, nachdem sie die Polizei darüber aufgeklärt hat, wem der fehlbare Vierbeiner gehört. Aber Herr D will von einer Bezahlung des Schadens nichts wissen. Arras habe den Velofahrer ja nicht einmal berührt – geschweige denn ins Auto gestossen. Wenn er (der Velofahrer) sein Fahrrad offensichtlich nicht beherrsche und nur den Autoverkehr gefährde, solle er entweder zu Hause bleiben – oder eben für die Unfallkosten selbst aufkommen. Ist dieser Standpunkt haltbar?

Damit die Tierhalter-Haftung zum Zuge kommt, braucht es vorab einmal zwei »Dinge«: Einen Schaden und einen »adäquaten Kausalzusammenhang« zwischen dem Schaden und dem Wirken des Tieres. Unter »Schaden« im rechtlichen Sinne versteht man dabei eine jede Verminderung des Vermögens. Das Ausmass der Verminderung ergibt sich, wenn man den gegenwärtigen Vermögensstand jener Vermögensgrösse gegenüberstellt, welche man hätte, wenn das schädigende Ereignis nicht eingetreten wäre.

Hatte man also beispielsweise einen intakten Gartenzaun und wird dieser durch einen Automobilisten zusammengefahren, so ist man um einen Gartenzaun »ärmer« – also in diesem Umfang am Vermögen geschädigt.

Nun muss man aber noch wissen, dass unter »Vermögen« im rechtlichen Sinne bei weitem nicht etwa nur Geld- oder Sachwerte zu verstehen sind. Auch Leib, Leben und Gesundheit des Einzelnen zählen zu seinen Vermögenswerten. Wer darin beeinträchtigt wurde, ist im haftpflichtrechtlichen Sinne ebenfalls »geschädigt«. Er kann Schadenersatz verlangen, wenn eine Dritteinwirkung für den Vorfall »adäquat kausal« war. Was aber versteht man unter dem Begriff »adäquat kausal« oder »adäquater Kausalzusammenhang«?

Jeder Schaden hat gewisse Ursachen – also Voraussetzungen, die gegeben sein mussten, damit er eintreten konnte. Brennt beispielsweise ein Gebäude ab und die Ermittlungen der Polizei ergeben, dass bewusst Feuer gelegt wurde, so ist Brandstiftung die Ursache für den Schaden. Der Brandstifter wird für das Angerichtete einzustehen haben. So »überschaubar« ist nun allerdings die Frage nach der Haftung nicht immer. Haftungsbegründend ist die durch Dritte gesetzte Ursache nämlich nur dann, wenn sie »nach dem gewöhnlichen Lauf der Dinge und nach der allgemeinen menschlichen Erfahrung« geeignet ist, den eingetretenen »Erfolg« zu bewirken. Das, was geschehen ist, muss also durch die fragliche Ursache wesentlich begünstigt worden sein. Ist dies der Fall, nennt man eine Ursache »adäquat« – hinsichtlich der dadurch bewirkten Folge besteht der für die Haftung notwendige »adäquate Kausalzusammenhang«. Der »Schädiger« hat dann nicht nur für sein direktes Tun einzustehen – jener Schaden, welcher entsteht, weil der Betroffene der Gefahr auszuweichen versucht, ist ebenfalls zu ersetzen (sogenannte mittelbare Verursachung).

Vorliegend ist nun die kausale Adäquanz der »Hundesünde« zweifellos gegeben: Der Angriff von Arras war »nach dem gewöhnlichen Lauf der Dinge und nach der allgemeinen menschlichen Erfahrung« mehr als nur geeignet, einen Unfall herbeizuführen bzw. den Velofahrer zum Versuch des Ausweichens zu veranlassen. Was dabei geschah, ist somit »adäquat kausal« Arras bzw. dem Tierhalter zuzurechnen – der am fraglichen Morgen unsorgfältige Herr D muss für den Schaden aufkommen.

Dem Leser mag aufgefallen sein, dass ich bisher zum Tierhalterhaftungs-Thema stets Beispiele auswählte, wo mangelnde Sorgfalt im Spiele war. Dies hat auch seinen Grund – die Sorgfalt im Ungang mit dem Tier ist nämlich ein ganz wesentlicher Haftungsaspekt. Dieser lässt sich am folgenden Beispiel recht anschaulich abhandeln:

Der deutsche Schäferhund »Rex« ist dazu bestimmt, eine abseits in einem Park gelegene Villa zu bewachen. Besucher werden am Eingang durch ein Schild »Vorsicht – bissiger Hund« gewarnt. Das mit einer Mauer umgebene Gelände kann überdies nur betreten werden, wenn – auf ein Klingeln hin – das Tor geöffnet wird. Diese Sicherheitsmassnahme räumt genügend Zeit ein, Rex jeweils vorher an die Kette zu legen, damit er keinen Besucher verletzen oder gefährden kann.

Anfangs Juli 1983 gelangt auf diese Weise der Versicherungsvertreter U – selbst Besitzer eines Hundes – in die Liegenschaft. Er wird gebeten, im Wohnzimmer zu warten, sieht den im Garten angeketteten Rex und geht zu ihm hin, um ihn zu streicheln. Rex »missversteht« die Annäherung und beisst zu – erst als sein durch den Lärm alarmierter Meister auf dem Platz erscheint, lässt er sein Opfer wieder los.

Herrn U's Schulter sieht übel aus. Mit den Worten, eine solche Bestie sei eine Gefahr für die Menschheit und hätte längst erschossen werden müssen, kündigt er an, er werde den Hundehalter für den ganzen Schaden haftbar machen. Hat er mit diesem Standpunkt eine Chance?

Entsprechend den vorangegangenen Ausführungen ist festzuhalten, dass hier sowohl ein Schaden als auch ein adäquater Kausalzusammenhang zweifellos gegeben sind – es ist schliesslich nicht daran zu rütteln, dass der Biss von Rex zur Verletzung von Herrn U führte. Aber: Nichtsdestotrotz kann sich der Tierhalter in einem solchen Fall von der Haftung befreien, wenn er nachzuweisen vermag, dass er »alle nach den Umständen gebotene Sorgfalt in der Verwahrung und Beaufsichtigung des Tieres angewendet« hat. Bei der rechtlichen Betrachtung kommt nicht etwa irgendein »abstraktes« Sorgfaltsmass zur Anwendung – es ist jeweils auf die konkreten Umstände des Einzelfalles abzustellen. Der Tierhalter muss sich also mit anderen Worten jene Möglichkeiten vor Augen führen, worin gerade sein Tier zum Schadensstifter werden könnte. Alsdann hat er diejenigen Vorkehrungen zu treffen, welche nach der Sachlage geeignet sind, den Eintritt eines Schadens abzuwenden. Hat er – auch vom Standpunkt eines objektiven Dritten aus – alles Vernünftige zur Schadensverhütung vorgekehrt, wird ihm der Nachweis gelingen, er habe »alle nach den Umständen gebotene Sorgfalt in der Verwahrung und Beaufsichtigung des Tieres angewendet«. Er wird sich im Sinne dieser gesetzlichen Formulierung »entlasten« können und ist damit von der Haftung für einen dennoch eintretenden Schaden befreit.

Mit der konkreten Sorgfaltspflicht im Einzelfalle ist allerdings stets eine »objektive Warte« gemeint. Als Massstab gilt also das, was ein »vernünftiger, umsichtiger Mensch« in derselben Situation vorkehren würde oder vorgekehrt hätte. Hat der Tierhalter es an solch »objektiver Sorgfalt« fehlen lassen, spielt es überhaupt keine Rolle, ob sein Verhalten »entschuldbar« war oder nicht – die »subjektiven Ursachen« seines Versäumnisses sind also völlig irrelevant.

Zusammenfassend gesagt handelt ein Tierhalter immer dann genügend sorgfältig, wenn er – bezogen auf die Errungenschaften und Eigenheiten seines Tieres – alles ihm Zumutbare und Vernünftige vorkehrt, um einen Schaden zu vermeiden. Für völlig Nicht-Vorhersehbares braucht er den Kopf nicht hinzuhalten – schliesslich ist er (meist) kein Hellseher.

In unserem Fall bedeutet das nun folgendes: Rex wurde regelmässig an die Kette gelegt, wenn Besucher das Grundstück betraten. Dies war gewährleistet; konnte doch sicherheitshalber wegen der Mauer niemand zum Haus gelangen, bevor ihm auf ein Klingeln hin das Tor geöffnet wurde. Vom Vorhandensein eines scharfen Hundes musste dabei ebenfalls jeder Kenntnis nehmen – schliesslich war das Tor mit einem entsprechenden Schild versehen. Mehr konnte Rex's Herr und Meister aber beim besten Willen nicht vorkehren, um Fremde vor einem »Übereifer« seines Wachhundes zu schützen. Denn um Unbefugte fernzuhalten oder zu vertreiben war Rex ja letzten Endes angeschafft worden.

Am Unfalltag befand sich Rex im Moment, als Herr U das Grundstück betrat, bereits an der Kette. Wäre Herr U dortgeblieben, wo er hätte bleiben sollen (nämlich im Wohnzimmer), hätte er unmöglich gebissen werden können. Wer nun aber in einem fremden Haus zu einem fremden – und überdies angeketteten – Schäferhund hingeht, um ihn zu streicheln, der handelt zumindest grobfahrlässig. Wurde er überdies noch mündlich oder schriftlich (via Schild am Gartentor) darauf hingewiesen, dass hier ein scharfer Hund gehalten wird, so ist ein solcher »Streichel-Versuch« geradezu unverantwortlich. Den Hundebiss hat sich Herr U eindeutig selbst zuzuschreiben. Für die Folgen kann er nicht auf den Halter von Rex zurückgreifen, welchem der geschilderte »Entlastungsbeweis« in allen Punkten gelingen wird.

Die Frage des Entlastungsbeweises ist nun innerhalb der Hunde-haftpflichtrechtlichen Problematik ein derart zentraler Punkt, dass es ausserordentlich wichtig erscheint, dass sich gerade hier keine Missverständnisse einnisten können. Dass solche dennoch vielfach vorhanden sind, hat sich gezeigt, als im vergangenen Jahr im »Hundesport« kommentarlos ein entsprechender Bundesgerichtsentscheid abgedruckt wurde. In der Folge hat sich dann herausgestellt, dass wegen des fehlenden Kommentars ganz offensichtlich Spielraum für Fehlinterpretationen entstanden war. Es schien deshalb angezeigt, den Fall dort nochmals aufzurollen. Und dies soll auch hier geschehen, da gerade bei dieser Frage ein Missverständnis ausserordentlich teure Konsequenzen haben kann. In diesem Sinne geschah folgendes:

Ein als sehr häuslich und nicht streunend geschilderter Hund wurde in einem an den Genfersee angrenzenden Grundstück gehalten, welches durch drei Gartentore mit einem zur Hauptstrasse führenden Weg verbunden war. Eines Tages gelang es dem Tier, zu entweichen. Der Tierhalter selbst befand sich gerade im Ausland und seine Ehefrau gab später an, sie habe sich in die Stadt begeben müssen und den Hund währenddessen in der Küche gelassen.

Jedenfalls sprang das Tier in der Folge unversehens auf die Fahrbahn der Hauptstrasse und (vorne rechts) in ein daherfahrendes Auto. Dessen Lenker steuerte reflexartig nach links und stiess dadurch mit einem aus entgegengesetzter Richtung kommenden Fahrzeug zusammen. Bei dieser Kollision wurde er schwer verletzt – und verklagte den Tierhalter auf Schadenersatz. Seine Klage wurde erstinstanzlich geschützt – die zweite Genfer Instanz wies hingegen sein Rechtsbegehren ab. Das Bundesgericht schlussendlich hob den zweitinstanzlichen Genfer Entscheid wieder auf und wies den Fall zur Neubeurteilung zurück. Die entsprechenden rechtlichen Erwägungen gestalteten sich im wesentlichen wie folgt:

Als Tierhalter gilt, wer über das Tier die effektive Herrschaft ausübt und so in der Lage ist, ihm die erforderliche Sorgfalt zu widmen. Für einen vom Tier angerichteten Schaden haftet er, sofern er nicht nachzuweisen vermag, dass er alle nach den Umständen gebotenen Massnahmen in der Verwahrung und Beaufsichtigung anwandte... Der Einzelne bleibt auch dann Tierhalter, wenn er vorübergehend nicht anwesend ist – vorausgesetzt, er vertraute das Tier während dieser Zeit der Obhut einer Hilfsperson (vorliegend der Ehefrau) an. Aus der unmittelbaren – direkten – Tierhalterschaft wird in einem solchen Falle eine mittelbare und sozusagen indirekte; die

Tierhalter-Eigenschaft bleibt somit bestehen. Das Verhalten der Hilfspersonen hat sich der Tierhalter wie sein eigenes anrechnen zu lassen – seine Haftung hängt dementsprechend davon ab, wie die Hilfsperson ihre Obhutsfunktionen ausgeübt hat.

Verursacht das Tier in diesem Sinne einen Schaden, hat der Tierhalter primär einmal dafür einzustehen. Anderes gilt indessen, wenn ihm der Entlastungsbeweis – der Beweis aller gebührenden Sorgfalt in der Verwahrung und Beaufsichtigung – gelingt. Mit diesem Entlastungsbeweis hat es der Richter nun allerdings streng zu nehmen. Bleiben Zweifel an der Wirklichkeitstreue der entlastungshalber vorgebrachten Tatsachenbehauptungen, so kann dem Tierhalter seine Verantwortlichkeit *nicht* abgenommen werden. Das Bundesgericht ist im übrigen in dieser Hinsicht an die Tatsachen-Feststellungen der Vorinstanz gebunden.

Vorliegend hat die Vorinstanz nun festgestellt, der fragliche Hund sei ruhig und sesshaft gewesen, weshalb sich angesichts der vorhandenen Einzäunungen keine weiteren Vorsichtsmassnahmen aufgedrängt hätten. Dies genügte dem Bundesgericht indessen nicht. Es verlangte, es müsse auch bei einem sanften Tier die Frage aufgeworfen werden, ob besondere Vorkehrungen angezeigt – und wenn ja, getroffen – gewesen seien. Insbesondere die Dichte des heutigen Strassenverkehrs rufe nach stärkeren Massnahmen. Die Vorinstanz habe nicht festgestellt, dass der Hund verkehrserfahren gewesen sei. Damit sei die Gefahr gegeben gewesen, dass er – in Freiheit – plötzlich eine Strasse überqueren werde. Elementare Vorsicht hätte geboten, dies zu verhindern. Die Liegenschaft des Tierhalters sei aber seewärts nicht eingezäunt gewesen. Auch habe niemand festgestellt, dass die drei Gartentore verschlossen gewesen bzw. geblieben seien. Fest stehe nur, dass der Hund nicht in der Küche geblieben, sondern stattdessen auf die Hauptstrasse gelangt sei.

Es wäre nun am Tierhalter gewesen, zu beweisen, dass dieses Entweichen trotz effektiv getroffener Sicherheitsvorkehrungen (Verschliessen der Küchentür, Zusperren der Gartentüren usw.) geschehen sei. Den Beweis für diese Sicherheitsmassnahme sei er aber schuldig geblieben. Damit sei der – ihm obliegende – Entlastungsbeweis zweifelsfrei nicht erstellt; die Tierhalterhaftung komme deshalb grundsätzlich zum Zuge. Eine Rückweisung an die Vorinstanz erfolge lediglich zur Klärung anderer Fragen (allfälliges Mitverschulden des Autofahrers usw.), welche das Ausmass des vom Tierhalter geschuldeten Schadenersatzes mitbestimmen würden. Seine Schadenersatzpflicht sei aber grundsätzlich zweifelsfrei gegeben, weil er den Entlastungsbeweis nicht erbracht habe.

Aufgrund dieses Textes dürfte klar sein, weshalb ich es für wichtig hielt, diesen Bundesgerichtsentscheid hier wiederzugeben. Der Einzelne muss nämlich nicht nur wissen, dass es die Möglichkeit eines Entlastungsbeweises gibt. Genauso wesentlich ist, dass er sich darüber Rechenschaft ablegt, dass er diesen Beweis zu erbringen hat. Der allgemein bekannte strafrechtliche Grundsatz, wonach jemand solange unschuldig ist, bis man ihm das Gegenteil bewiesen hat, gilt hier also ausdrücklich nicht. Mit anderen Worten: Wenn der Tierhalter nicht »in eigener Regie« beweist, dass und wieso er gebührend sorgfältig war, wird das Gegenteil angenommen – er haftet.

Wir kommen nun zur Frage, ob der Entlastungsbeweis die einzige Möglichkeit ist, nicht für einen eingetretenen »Hunde-Schaden« einstehen zu müssen. Auch diese Frage wollen wir der Anschaulichkeit halber anhand eines Beispiels durchgehen. In diesem Sinne folgendes:

Bauer R hatte auf seinem Gehöft nebst unzähligen anderen Tieren den Berner Sennenhund »Caro«. Caro war ein liebenswerter Hofhund und ein ausgezeichneter Wächter – nur eins mochte er nicht: Schafe. Bauer R selbst hatte keine und darum in diesem Sinne auch keine Probleme; anders verhielt es sich bei seinem Nachbarn P. Caro hatte unter jenen Schafen schon mehrmals grösste Verwirrung gestiftet und einmal ein Jungtier solange vor sich hergetrieben, bis dieses erschöpft zusammenbrach und verendete. Dieser Vorfall hatte nur deshalb keine nachhaltigen Folgen, weil sich R verpflichtete, Caro fortan nicht mehr unbeaufsichtigt ins Freie zu lassen und ihn gegebenenfalls in einen Zwinger zu sperren.

In der Folge setzte sich R zwar nicht völlig über diese Absprache hinweg – er sah sich allerdings auch nicht veranlasst, sich deswegen nun extra einen Hundezwinger zuzulegen. Stattdessen benützte er in entsprechenden Situationen für das Einsperren von Caro einen uralten und recht baufälligen Stall, welchen er sonst nicht mehr brauchte, da sein Vieh längst in einem neuen untergebracht war.

Am Mittag des 1. August 1982 sperrte Bauer R Caro in diesem Sinne ein und fuhr mit seiner Familie zu entfernt wohnhaften Verwandten. Gegen Abend war es mit dem bisher schönen Wetter urplötzlich vorbei; es begann erst zu regnen und dann richtiggehend zu stürmen. Caro's baufälliger »Ersatz-Zwinger« hielt den Winden am wenigsten lang stand. Schlussendlich waren dann aber fast alle Schöpfe und Ställe der Umgebung – darunter auch der neue Stall von R – schwer »angeschlagen«. Jedenfalls: Kaum in Freiheit machte sich Caro auf die Suche nach Nachbar P's Schafen. Diese befanden sich ursprünglich allesamt im Stall, da P das Unwetter noch rechtzeitig hatte kommen sehen. Was er – mit seiner Familie unterdessen ebenfalls auf einer 1. August-Feier – nicht mehr sah, war, dass auch sein absolut solider Schafstall den Elementen teilweise zum Opfer fiel. Der Sturm schuf nämlich recht bald eine grössere Lücke; ein Teil der in Panik geratenen Schafe entwich.

Es kam, wie es kommen musste: Caro erwischte die im Freien herumirrenden Tiere und hetzte diese vor sich her. Das Ganze endete auf den Bahnschienen; sowohl Caro als auch vier Schafe wurden vom Zug erfasst. Nur ein Schaf überlebte den Unfall. P forderte hierauf von R den Ersatz des Schadens, weil dieser Caro nur in einem baufälligen Stall eingesperrt habe. Deshalb sei es zum Tod der Schafe gekommen. Ist P im Recht?

Auch in diesem Falle ist an die vorstehenden Überlegungen anzuknüpfen und deshalb zuerst einmal festzustellen, dass durch den Tod der Schafe zweifellos ein Schaden vorhanden ist, welcher eindeutig »adäquat kausal« durch Caro verursacht wurde. Denn dass dieser die Tiere auf die Geleise »getrieben« hat, ergibt sich mit aller Deutlichkeit aus dem Unfallbild. Bauer R wird es auch nicht gelingen, nachzuweisen, dass er »alle nach den Unständen gebotene Sorgfalt in der Verwahrung und Beaufsichtigung angewendet« hat – er wusste bestens, dass er Caro in einen altersschwachen und baufälligen Stall sperrte, woraus dieser unter Umständen sogar ohne »Hilfe« des Wetters hätte entweichen können. Soweit würde er für den entstandenen Schaden also haften.

Nun bietet das Gesetz aber noch eine weitere Möglichkeit, sich von der Haftung zu befreien. Voraussetzung hierfür ist, dass der Tierhalter zwar nicht genügend sorgfältig gehandelt hat, aber nachzuweisen vermag, dass »der Schaden auch bei Anwendung rechtsgenügender Sorgfalt eingetreten wäre«.

Vorliegend hängt somit die Haftung von R an der Frage, ob Caro – in einen soliden Stall eingesperrt – ausreichend sorgfältig verwahrt gewesen wäre. Dies ist eindeutig zu bejahen – gilt doch im Sinne der Rechtsprechung eine solche solide »Stall-Unterkunft« auch bei generell nicht ungefährlichen

Tieren (z. B. Eber) als »genügend«. Da nun aber auch die soliden Ställe der Gegend durch das starke Unwetter derart in Mitleidenschaft gezogen worden waren, dass ein Entweichen der darin untergebrachten Tiere möglich wurde, hätte Caro auch bei »pflichtgemässer« Unterbringung ausrücken können. Die Schafe von P waren ja ebenfalls trotz ihrer soliden »Unterkunft« ins Freie gelangt.

Nachdem die Tatsache, dass ein Hund Schafe hetzt, zwar an sich eindeutig zur Folge haben muss, den betreffenden Missetäter nicht mehr frei herumstöbern zu lassen, aber nicht ausreicht, um von einem Hundehalter die Tötung eines im übrigen gutmütigen Tieres zu verlangen, hätte R seiner Sorgfaltspflicht auch bei Caro's »Hetztrieb« mit dem Einschliessen in einen soliden Stall Genüge getan. Analog zu den Anlagen der Nachbarn wäre ein solch solider Stall dem Sturm zumindest teilweise ebenso zum Opfer gefallen – Caro hätte also mit anderen Worten »auch bei Anwendung rechtsgenügender Sorgfalt« ausreissen und Schaden stiften können. Aus diesem Grunde braucht Bauer R trotz seiner Nachlässigkeit im Hinblick auf die Auswahl von Caro's »Unterkunft« in diesem speziellen Falle nicht für den Schaden einzustehen. Hätten aber solide Ställe das Unwetter unbeschadet überstanden, sähe die Sache anders aus.

Zusammenfassend sollte man sich im Hinblick auf die hier behandelten Aspekte folgendes merken:

1. Ist im Zusammenhang mit einem Vierbeiner etwas »danebengegangen«, kommt nicht zum vornherein schon die Tierhalter-Haftung zum Zuge. Vorab ist einmal zu prüfen, ob überhaupt ein Schaden eingetreten ist. Ferner muss für einen Haftpflicht-Anspruch der »adäquate Kausalzusammenhang« gegeben sein. Die angeprangerte »tierische Ursache« muss also »nach dem gewöhnlichen Lauf der Dinge und nach der allgemeinen menschlichen Erfahrung« geeignet gewesen sein, den »Erfolg« – den Schaden – zu bewirken. Das, was geschehen ist, muss durch die fragliche Ursache wesentlich begünstigt worden sein.

2. Vermag der Tierhalter im Schadensfall nachzuweisen, dass er »alle nach den Umständen gebotene Sorgfalt in der Verwahrung und Beaufsichtigung des Tieres angewendet« hat, kann er sich von der Haftung befreien. Bei der rechtlichen Betrachtung kommt diesbezüglich nicht irgendein »abstraktes« Sorgfaltsmass zur Anwendung – es wird jeweils auf die konkreten Umstände des Einzelfalles abgestellt. Entscheidend ist, was ein »vernünftiger, umsichtiger Mensch« in derselben Situation

vorkehren würde bzw. vorgekehrt hätte. Ist dies geschehen, kann sich der Tierhalter durch den Entlastungsbeweis von der Haftung befreien.

3. Der Tierhalter kann sich von seiner Haftung ebenfalls befreien, wenn er zwar unsorgfältig war, ihm aber der Nachweis gelingt, dass »der Schaden auch bei Anwendung rechtsgenügender Sorgfalt eingetreten wäre«. Seine Unsorgfalt war dann sozusagen nicht die Ursache des »Erfolges«.

Abschliessend bleibt hier nur noch eine Frage – nämlich jene, um welche Art der Haftung es sich bei der Tierhalterhaftpflicht denn eigentlich handelt. Sicherlich hat man verschiedentlich schon den Begriff »Kausalhaftpflicht« gehört – es mag aber sein, dass nicht ganz klar ist, um was es sich dabei genau handelt. Auch dies soll wieder an einem Beispiel belegt werden:

Der Geschäftsmann Z hält sich zwei Deutsche Doggen (beides Rüden), welche er – da er alleinstehend ist – jeden Tag in seinen Papierverarbeitungsbetrieb mitnimmt. Die Tiere befinden sich dabei stets in seinen Büroräumen – auch die Spaziergänge besorgt Z in der Regel selbst. Er muss dies auch tun, weil der Umgang mit seinen beiden Tieren nicht gerade einfach ist. Zusammen sind sie nämlich recht aggressiv und leicht geneigt, über andere Hunde herzufallen.

Eines Tages stellt Z einen neuen Magaziner ein, welcher mit den Hunden auf Anhieb gut zurechtkommt. Da es sich überdies um einen kräftigen Mann handelt, beschliesst Z, ihn als gelegentliche »Spazierhilfe« zuzuziehen, damit er eine Lösung hat, wenn er selbst einmal abwesend ist. Er erklärt dem Magaziner seine Zusatzaufgabe und weist ihn ausdrücklich an, die Hunde unter keinen Umständen von der Leine zu lassen. Die beiden seien schon verschiedentlich auf andere Hunde losgegangen – mit ihm (dem Magaziner) seien sie nicht genügend vertraut, um in einem solchen Falle auf ihn zu hören.

Nachdem sich der Magaziner bereit erklärt hat, gelegentlich als »Hunde-Spaziergänger« einzuspringen, macht Z die Probe aufs Exempel. Er überlässt seinem Mitarbeiter die Tiere, fährt aber nicht weg, sondern überwacht diesen unauffällig während des ganzen Spaziergangs. Mit dem, was er sieht, kann er zufrieden sein: Alles klappt prima, und die Hunde werden nicht von der Leine gelassen.

In der kommenden Woche muss Z dann tatsächlich weg. Er übergibt die Hunde seinem Mitarbeiter, welcher sie wie besprochen ausführt. Aller-

dings macht er dabei einen verheerenden Fehler: Da er sich auf der Hundewiese völlig allein wähnt, lässt er die Doggen trotz gegenteiliger Instruktion von der Leine. Anfangs geht auch alles gut – dann aber taucht ein Zwergpudel samt Begleitperson auf. Ohne viel Federlesens stürzen sich die Doggen auf den angeleinten Pudel – mutmasslich schon der erste Biss bricht ihm das Genick. Jedenfalls: Dem Magaziner gelingt es zwar, die Hunde wieder anzuleinen, bevor weiterer Schaden entsteht – der Pudel ist jedoch bereits tot. Als Z auf Schadenersatz belangt wird, stellt er sich auf den Standpunkt, er habe für die Sache nicht einzustehen. Schliesslich habe er seine Hilfsperson sorgfältig ausgewählt, genügend instruiert und überdies noch überwacht. Damit habe er seinen Verpflichtungen Genüge getan und nur der Magaziner sei für den Schaden zu belangen. Ist diese Auffassung haltbar?

Unser Haftpflichtrecht kennt verschiedene Arten von Haftungen – so beispielsweise die Verschuldenshaftung und die Kausalhaftung. Es handelt sich dabei um verschiedene »Haftungsgruppen«, welche sich in grundsätzlicher Hinsicht unterscheiden. Die sogenannte Verschuldenshaftung ist die generelle und subsidiäre Haftungsart unserer Rechtsordnung. »Subsidiär« will dabei heissen, dass die Verschuldenshaftung überall dann zum Zuge kommt, wo das Gesetz nicht etwas anderes bestimmt. Massgebend ist dann, ob jemand schuldhaft, widerrechtlich und adäquat kausal einen Schaden verursachte – über all diese Kriterien haben wir in diesem Kapitel bereits gesprochen. Wichtig für die Verschuldenshaftung ist, dass der Geschädigte die Beweislast trägt – er muss also alle genannten Punkte (Schaden, Widerrechtlichkeit, adäquate Kausalität und Schuld) nachweisen, wenn er mit seinem Anspruch durchdringen will.

Anders bei der Kausalhaftung: Kausalhaftungen begnügen sich mit der Verursachung des Schadens und setzen kein Verschulden voraus. Bei den einfachen Kausalhaftungen – zu welchen die Tierhalter-Haftpflicht zählt – muss hingegen zusätzlich eine gewisse Unsorgfalt im Spiele sein. Auch dies haben wir anhand der Sorgfaltspflicht bereits abgehandelt. Wesentlich ist an dieser Stelle aber vor allem etwas anderes – nämlich die Umkehr der Beweislast. Entgegen der Verschuldenshaftung muss nämlich hier nicht der Geschädigte beweisen, dass der andere unsorgfältig handelte, sondern umgekehrt. Mit anderen Worten: Der Kausalhaftpflichtige – beispielsweise also der Tierhalter – muss seine Sorgfalt nachweisen. Gelingt ihm dies nicht, haftet er, auch wenn sein Nachweis nur an Beweisfragen scheitert.

Nun zurück zur Argumentation von Z: Wenn er geltend macht, er habe seinen Mitarbeiter sorgfältig ausgesucht, genau instruiert und zudem überwacht, so spricht er damit massgebende Kriterien für die sogenannte Geschäftsherrenhaftung an. Dort kann ein Geschäftsherr der Haftung für einen durch Mitarbeiter angerichteten Schaden u. U. entgehen, wenn er den genannten Sorgfaltsnachweis (Auswahl, Instruktion, Überwachung) erbringt. Aber: Dieser Sorgfaltsnachweis ist vorliegend unerheblich, und zwar, weil der Magaziner in der fraglichen Situation nicht als Gehilfe des Geschäftsherrn Z, sondern als Gehilfe des Tierhalters Z handelte. Und wie wir im vorhergehenden Kapitel gesehen haben, hat es die Tierhalterhaftpflicht an sich, dass man sich das Verhalten von Hilfspersonen wie sein eigenes anrechnen lassen muss. Mit anderen Worten: Kann anhand des Verhaltens der Hilfsperson der Entlastungsbeweis nicht geführt werden, hat der Tierhalter für den Schaden aufzukommen. Allerdings besteht u. U. die Möglichkeit, in der Folge auf die Hilfsperson zurückzugreifen – zu dieser Frage werden wir im letzten Kapitel zur Verantwortung des Tierhalters für seinen Hund kommen. Vorliegend genügt es, festzustellen, dass in unserem Fall der Magaziner durch das Freilassen der Doggen zweifellos unsorgfältig handelte. Damit ist der Tierhalter Z haftpflichtig – sein Standpunkt ist somit nicht haltbar.

Zusammenfassend sollte man sich an dieser Stelle folgendes merken:

1. Bei der Haftpflicht des Tierhalters handelt es sich um eine sogenannte einfache Kausalhaftung.

2. Kausalhaftungen begnügen sich in der Regel mit der Verursachung des Schadens und setzen kein Verschulden voraus.

3. Bei einfachen Kausalhaftungen muss zusätzlich zur Schadensverursachung eine gewisse Unsorgfalt im Spiele sein.

4. Für alle Kausalhaftungen gilt eine Umkehr der Beweislast. Nicht der Geschädigte muss beweisen, dass der andere unsorgfältig handelte, sondern umgekehrt – der Kausalhaftpflichtige muss seine Sorgfalt nachweisen.

3. Muss stets der ganze Schaden ersetzt werden?

Wie wir bereits im vorstehenden Kapitel gesehen haben, vesteht man unter »Schaden« im rechtlichen Sinne jede Verminderung des Vermögens, also keineswegs etwa nur Geld- oder Sachwerte. Auch Leib, Leben und Gesundheit des Einzelnen zählen zu seinen Vermögenswerten. Wer darin beeinträchtigt wurde, ist im haftpflichtrechtlichen Sinne »geschädigt«. Das Schadensausmass ergibt sich, wenn man den gegenwärtigen Vermögensstand jener Vermögensgrösse gegenüberstellt, welche man hätte, wenn das schädigende Ereignis nicht eingetreten wäre. Man muss also ermitteln, wie man ohne Schaden dastehen würde – so lässt sich das Ganze rechnerisch in den Griff bekommen.

Wenn man weiss, wie gross der Schaden im Einzelfalle ist, ist damit noch lange nichts darüber ausgesagt, wer diesen Schaden nun zu tragen hat. Selbst wenn feststeht, dass die Tierhalter-Haftpflicht zum Zuge kommt, ist immer noch offen, ob der Tierhalter allein für das ganze Ausmass geradezustehen hat oder ob allenfalls noch weitere »Schadensträger« zum Zuge kommen. Wie solche Überlegungen aussehen können, soll anhand des folgenden Beispiels gezeigt werden:

Der Bullterrier-Rüde »Tex« ist als äusserst rauflustig bekannt. Nachdem er bereits etliche Hundekollegen mehr oder weniger ernsthaft verletzte, wurde gegen ihn der Maulkorb-Zwang verhängt. Trotzdem ist er gelegentlich auch ohne Maulkorb im Freien anzutreffen.

Bei einem seiner »maulkorblosen« Spaziergänge gerät Tex an einen Nachbar-Rüden, kämpft mit diesem und verletzt seinen Gegner massiv am Ohr. Tex's Besitzer ist sofort klar, dass er für den Schaden aufzukommen hat. Er teilt dies der Familie C – den Eigentümern des verletzten Tieres – auch umgehend mit und ersucht sie, ihm die Tierarztrechnung zur direkten Bezahlung zukommen zu lassen. In der Folge beschliesst Frau C, die Wunde selbst zu behandeln – der Tierarzt wird also weder zugezogen noch aufgesucht. Auch als sich die Wunde entzündet, bleiben die C's bei dieser Methode; das verletzte Tier stirbt knapp zwei Wochen später an einer Blutvergiftung. Nun verlangt Familie C Schadenersatz für den Tod ihres Hundes. Ist sie im Recht?

Wie bereits in einem früheren Kapitel dargestellt, stellt die Tierhalter-Haftung eine Kausalhaftung dar; sie kommt mit anderen Worten unabhängig von einem Verschulden des Betreffenden zum Zuge. Gelingt es dem

Tierhalter nicht, nachzuweisen, dass er alle nach den Umständen gebotene Sorgfalt aufgewendet habe (oder dass der Schaden auch bei Anwendung dieser Sorgfalt eingetreten wäre), hat er für die Folgen des Ereignisses einzustehen – und zwar grundsätzlich für die gesamten Folgen.

Indessen: Der Grundsatz der Tragung des ganzen Schadens gilt nicht absolut. Hat der Geschädigte durch sein Verhalten eine Mitursache für das Ereignis gesetzt, so wird er sich dies bei der Bemessung des Schadenersatzes anrechnen lassen müssen. Anders ist nur zu entscheiden, wenn sich der kausalhaftpflichtige Tierhalter zusätzlich ein Verschulden anlasten lassen muss. Ein solch zusätzliches Verschulden ist in der Regel durchaus geeignet, eine durch den Geschädigten gesetzte Mitursache zu »neutralisieren«.

Das Setzen einer Mitursache durch den Geschädigten führt also – bekannt unter dem Stichwort »Mitverschulden« oder besser »Selbstverschulden« – meist zu einer Reduktion des Schadenersatzanspruches. Eine solche Reduktion kommt auch dann zum Zuge, wenn sich die »Mitwirkung« des Geschädigten nur in der Vergrösserung des Schadens auswirkt. Der Geschädigte ist nämlich nach Treu und Glauben verpflichtet, den eingetretenen Schaden so gering wie möglich zu halten. Mit anderen Worten: Er hat alle zumutbaren Massnahmen zu ergreifen, die zur Verminderung des Schadens geeignet sind. Den Begriff des »Zumutbaren« hat die Gerichtspraxis fest umrissen: Zumutbar ist all das, was ein vernünftiger Mensch in der gleichen Lage unternehmen würde, auch wenn er keinerlei Schadenersatz zu erwarten hätte.

Unterlässt ein Geschädigter eine ihm zumutbare Massnahme und vergrössert sich dadurch der Schaden, so muss er sich das in diesem Sinne selbst verursachte »Mehr« als Selbstverschulden anrechnen lassen. Der ihm zustehende Schadenersatz wird dann nur jenen Teil des Gesamtschadens abzudecken haben, welcher auch entstanden wäre, wenn er das ihm Zumutbare getan hätte. Oder umgekehrt ausgedrückt: Der Gesamtschaden wird in einen Selbstverschuldens-Anteil und einen Schädiger-Anteil aufgeteilt und der Schadenersatz proportional zum Verhältnis des Selbstverschuldensteils gekürzt.

Besteht der eingetretene Schaden in einer nicht schon von vornherein und offensichtlich völlig harmlosen Verletzung, gehört der Beizug eines Arztes eindeutig zu den »zumutbaren Massnahmen« – also zu dem, was ein vernünftiger Mensch in der gleichen Lage unternehmen würde. Der Arztbeizug somit ist in einem solchen Falle Pflicht des Geschädigten. Zwischen Mensch und Tier besteht hier im übrigen diesbezüglich nicht der geringste Unterschied: Der Hundehalter hat mit seinem verletzten Schützling in analoger Weise eben zum Tierarzt zu gehen.

Zurück zu unserem Fall: Nachdem sich die Parteien nicht gütlich einigen konnten, wurde im Prozess durch ein Gutachten festgestellt, dass das verletzte Tier bei fachmännischer bzw. tierärztlicher Behandlung – welche auf ungefähr 20 Prozent der eingeklagten Summe veranschlagt wurde – ohne weiteres zu retten gewesen wäre. Der Tod des Hundes sei einzig auf die »Selbstbehandlungs-Methode« – also auf die Unterlassung des Beizugs tierärztlicher Hilfe durch die Familie C – zurückzuführen. In diesem Sinne erachtete das Gericht einen Schadenersatzanspruch in der Höhe der mutmasslichen Tierarztrechnung als ausgewiesen – in diesem Umfang war die Forderung von Tex's Familie ohnehin von Anfang an anerkannt worden. Ausser Spesen hat der Prozess der Familie C somit nichts gebracht.

Zusammenfassend ist für die eingangs gestellte Frage, ob stets der ganze Schaden ersetzt werden muss, folgendes als wesentlich festzuhalten:

1. Ist der Tierhalter für einen Schaden haftbar, so hat er diesen grundsätzlich ganz zu ersetzen.

2. Anderes gilt nur, wenn der Geschädigte unter dem Stichwort »Selbstverschulden« eine ins Gewicht fallende Mitursache gesetzt hat oder wenn er den Schaden »vergrössert«. Er ist nämlich nach Treu und Glauben verpflichtet, seinen Schaden so gering wie möglich zu halten, bzw. alle zumutbaren Massnahmen zur Schadenseindämmung zu ergreifen. Tut er dies nicht, erhält er nur jenen Schadensteil ersetzt, welcher auch bei pflichtgemässem Handeln seinerseits entstanden wäre. Es erfolgt also eine Reduktion des Schadenersatzanspruches.

4. Wann ist es mit Schadenersatz allein nicht getan?

Vom Begriff »Genugtuung« hat sicherlich sonst fast jeder reden hören. Was man genau darunter versteht, mag schon nicht mehr ganz so allgemein bekannt sein. Und wie es gar mit einer Genugtuung in »Hundefällen« steht, weiss meist nur noch der Jurist. Aber: Wer Genugtuungsansprüchen gegenübersteht, muss unter Umständen tief ins Portemonnaie greifen – es ist deshalb wichtig, zu wissen, womit man es dabei überhaupt zu tun hat. Das folgende Beispiel soll uns als »Bearbeitungs-Grundlage« dienen:

Frau A spazierte mit ihrem damals 2½ Jahre alten Töchterchen Isabell und einer an der Leine geführten Schäferhündin am Grundstück der Familie B vorbei. In diesem Moment rannte B's Chow-Chow-Hund bellend aus dem Garten, in dem er sich meist frei aufhielt. Durch den Lärm aufmerksam geworden, trat Frau B vor die Haustür und befahl dem Hund, ruhig zu sein. Nachher unterhielt sie sich mit Frau A und achtete nicht mehr auf den Chow-Chow, der am Boden herumschnüffelte und scheinbar beruhigt war.

Isabell kauerte einige Schritte vom Hund der B's entfernt am Boden und machte Schneehäufchen. Plötzlich drehte sich der Chow-Chow gegen sie und biss sie in die rechte Wange, ohne dass er irgendwie gereizt oder dazu veranlasst worden wäre. Isabell trug eine schwere Wunde davon, welche trotz sofortiger ärztlicher Behandlung eine 4 cm lange, hässliche, rosafarbene Narbe zur Folge hatte. Diese würde sich entsprechend dem Wachstum des Kindes in Zukunft sogar auf 5 bis 6 cm verlängern und das Gesicht dauernd entstellen. Eine mit der Zeit mögliche kosmetische Operation würde zwar dazu beitragen, die Biss-Stelle verblassen zu lassen; dies allerdings mit ungewissem Erfolg.

In der gegen B eingereichten Klage wurde einerseits Schadenersatz, andererseits aber auch Genugtuung verlangt. Hinsichtlich des Schadenersatzbegehrens wurden sich die Parteien einig– nicht aber hinsichtlich der Genugtuung. Ist ein Genugtuungs-Anspruch gegeben?

Schadenersatz zuzuerkennen bezweckt, die wirtschaftlich erfassbare Vermögensverminderung, für die der Haftpflichtige einzustehen hat, ganz oder zum Teil auszugleichen. Dabei bleibt eine gleichzeitig eingetretene »immaterielle« Beeinträchtigung – wie Schmerzen oder Leid – unberücksichtigt. Zweck der Genugtuung ist es nun, hier einen Ausgleich zu schaffen.

Genugtuung kommt also immer dort in Betracht, wo es zufolge rechtswidrigen Verhaltens zu einer Persönlichkeitsverletzung gekommen ist. Ein entsprechender Anspruch kann selbst in solchen Fällen gegeben sein, wo Schadenersatz mangels eines Schadens nicht gefordert werden kann. Eine Einschränkung aber besteht: Eine Klage auf Genugtuung ist nur in den vom Gesetz vorgesehenen Fällen – wie beispielsweise bei Tötung oder Körperverletzung – zulässig.

Nicht notwendig für das Bestehen eines Genugtuungs-Anspruchs ist ein Verschulden des Schädigers – Kausalhaftung (beispielsweise also Tierhalterhaftung) genügt somit durchaus. Auch vermag ein leichtes oder zumindest nicht vorwiegendes Selbstverschulden des Geschädigten nach der Praxis eine Genugtuung nicht von vornherein auszuschliessen – allerdings wird es in der Regel eine Reduktion des Anspruches zur Folge haben.

Wann aber ist – speziell bei einer Körperverletzung wie der vorliegenden Bisswunde – eine Genugtuung geschuldet? Die entsprechenden Anspruchskriterien sind sehr vielfältig: starke Schmerzen, langandauerndes Krankenlager, lange Leidenszeit, das Erdulden von Operationen, der Verlust von Organen, die mit bleibender Verstümmelung oder Entstellung verbundene Beeinträchtigung der Lebensfreude und anderes mehr – kurz alles, was geeignet ist, sich in nicht leichtzunehmender Weise auf die Lebensumstände und Lebensqualität des Betroffenen auszuwirken. Und je schwerwiegender die Umstände, je intensiver die Beeinträchtigung, desto höher soll auch die Genugtuungssumme bemessen sein. Allerdings: Die Schweizer Gerichtspraxis hat sich in den vergangenen Jahren gegenüber früher zwar zur Zusprechung höherer Summen durchgerungen – von Amerika mit seinen Millionenbeträgen trennen uns aber nach wie vor Welten.

Zurück zu unserem Fall: Im Sinne der obigen Ausführungen kam das Gericht zum Schluss, Isabell habe erhebliche Schmerzen aushalten müssen. Überdies bleibe ihr Gesicht, wenn auch vielleicht mit der Zeit weniger, so doch dauernd entstellt. Die Narbe werde sich notgedrungen in einer nicht unerheblichen seelischen Belastung auswirken. Die geforderte Genugtuungssumme sei deshalb im Sinne der obengeschilderten »Anspruchskriterien« zweifellos geschuldet – dies samt Zins ab Unfalldatum.

Dieses Beispiel hat gezeigt, dass ein »Hundeschaden« sehr leicht berechtigte Genugtuungsansprüche mit sich bringen kann. Wesentlich sind deshalb zusammenfassend folgende Erkenntnisse:

1. Nebst Schadenersatz ist in Fällen, wo eine »immaterielle« Beeinträchtigung (z. B. Schmerzen, Leid) zu verzeichnen ist, auch ein Genugtuungsanspruch ins Auge zu fassen. In den vom Gesetz vorhergesehenen Fällen – beispielsweise bei Körperverletzung – ist ein solcher Genugtuungsanspruch nicht von einem Verschulden des Haftplichtigen abhängig. Genugtuung kann unter Umständen selbst dort gefordert werden, wo ein Schadenersatzanspruch mangels eines Schadens nicht in Betracht kommt.

2. Die Anspruchskriterien für eine Genugtuungssumme sind sehr vielfältig. In Frage kommt alles, was – eben wie Schmerzen oder Leid – geeignet ist, sich in nicht leichtzunehmender Weise auf die Lebensumstände und die Lebensqualität des Betroffenen auszuwirken. Je schwerwiegender die Umstände und je intensiver die Beeinträchtigung ist, desto höher wird auch die Genugtuungssumme ausfallen. Von Millionenbeträgen, wie sie teilweise z. B. in Amerika bezahlt werden müssen, trennen uns nach Schweizer Gerichtspraxis allerdings nach wie vor Welten.

5. Die Haftungsverteilung beim Vorhandensein mehrerer »Verursacher«

Bei einem Schadensfall wird zwar in der Regel klar sein, wessen Haftpflicht zum Tragen kommt. Es ist mit anderen Worten nicht unbedingt an der Tagesordnung, dass mehrere gleichzeitig zur Verantwortung gezogen werden können. Trotzdem kommt es – wie das nachfolgende Beispiel zeigt – vor:

P meldet seinen deutschen Schäferhund »Tango« für eine Hundeausstellung in B. Am Ausstellungstage reist Tango unter der Obhut eines Angestellten von P nach B, da P selbst nicht abkömmlich ist. Die Boxen auf dem Ausstellungsgelände sind sehr klein – für grosse Hunderassen an sich zu klein. Trotzdem gelingt es Tango's Betreuer, den Hund in die ihm zugedachte Boxe zu bekommen – schliesslich ist er mit Tango bestens vertraut und auch Ausstellungen sind ihm nichts Neues. Allerdings – beim Anbinden des Tieres passt er nicht auf. Der Knoten geräte lose und die »Leine« sehr lang.

Als der Ausstellungsrummel begonnen hat, kommt Tango's Betreuer mit einem Besucher ins Gespräch. Der unbeaufsichtigte und nur lose angebundene Tango unternimmt in der Zwischenzeit den Versuch, seinem Gefängnis zu entkommen. Dies gelingt ihm zwar nicht – seine Bewegungsfreiheit reicht indessen dazu aus, mit dem Kopf aus seiner Boxe zu kommen. Ein anderer Ausstellungsbesucher gerät ohne es zu merken ins »Schussfeld« und Tango beisst zu. Wen kann der Verletzte für seinen Schaden belangen?

Das Thema »Wer ist im Einzelfall Hundehalter« war bereits Gegenstand eines vorhergehenden Kapitels. Ergebnis der damaligen Betrachtung war – zusammengefasst – die Regel, dass derjenige als Hunde- bzw. Tierhalter zu betrachten ist, welcher in der Lage ist, über das Tier zu »verfügen«. Unter »verfügen« versteht man dabei die Möglichkeit, all jene Massnahmen zu treffen, welche eine Schadensstiftung durch den betreffenden Vierbeiner aller Voraussicht nach auszuschliessen vermögen. Ist man Tierhalter, so entbindet auch die Verwendung von Hilfspersonen nicht von der Haftung – deren Verhalten wird dem Haftpflichtigen angerechnet als ob es sein eigenes wäre.

Es gibt nun aber gewisse Fälle, wo zwei verschiedene Parteien es in der Hand gehabt hätten, je »selbständig« durch geeignete Massnahmen den Schadenseintritt zu verhindern. Trifft dies zu, so kommt die Tierhaltereigenschaft beiden gleichzeitig zu.

Vorliegend haben wir es mit genauso einem Fall zu tun: Sowohl der Hundebetreuer (als Hilfsperson des Tierhalters P) als auch der Veranstalter der Ausstellung hätten ohne weiteres die Möglichkeit gehabt, den Unfall zu verunmöglichen. Der Veranstalter hätte dies durch genügend grosse und gesicherte Boxen tun können. P's Angestellter hingegen hätte Tango nur zumindest so kurz anbinden müssen, dass der Hund den Kopf nicht hätte aus der Boxe halten können. Beide hätten es also unabhängig voneinander in der Hand gehabt, den Schadenseintritt zu verhindern. Sie sind demgemäss nebeneinander als Tierhalter anzusehen.

Da es ebenfalls beiden nicht gelingt, sich durch den Nachweis der Aufwendung »aller nach den Umständen gebotenen Sorgfalt in der Verwahrung und Beaufsichtigung des Tieres« zu entlasten – beide waren offensichtlich nicht genügend sorgfältig gewesen –, haften auch beide für den Schaden. Auch P – der ja gar nicht an Ort und Stelle war – muss also für den Hundebiss geradestehen. Dass dabei der Schaden selbstverständlich insgesamt nur einmal bezahlt zu werden braucht, versteht sich von selbst. Er wird anteilsmässig zu verteilen sein.

Wie aber steht es nun mit der Hilfsperson von P? Kann mit anderen Worten P – der ja gar nicht an Ort und Stelle war – hinsichtlich seiner Aufwendungen in der Folge auf seinen Angestellten (seine Hilfsperson) zurückgreifen?

Um die Frage vorerst allgemein zu beantworten: Ein Rückgriff ist immer nur dann möglich, wenn der Geschädigte die Hilfsperson selbst ebenfalls für den Schaden belangen könnte. Ein solcher sogenannter direkter »Konkurrenz-Anspruch« setzt voraus, dass die Hilfsperson im Hinblick auf die Schadensursache in irgendeiner Weise schuldhaft gehandelt hat. Der

Ausdruck »schuldhaft« ist dabei nicht misszuverstehen. Blosse Fahrlässigkeit ist ebenfalls eine Form des rechtlichen Schuldbegriffs.

Vorliegend war Tango's Betreuer sowohl mit dem Ausstellungswesen an sich als auch mit »seinem« Hund bestens vertraut. Er wusste oder hätte zumindest wissen müssen, dass der zu erwartende Ausstellungsrummel durchaus geeignet sein würde, ein jedes Tier nervös und damit in gewisser Weise unberechenbar zu machen. Umsomehr Sorgfalt hätte er darauf verwenden müssen, Tango so anzubinden, dass er auch mit dem Kopf nicht über seine Boxe hinaus gelangen konnte. Seine diesbezügliche Nachlässigkeit war zweifellos fahrlässig – angesichts seiner Erfahrung im konkreten Fall sogar eher grobfahrlässig. Es hätte dem Geschädigten deshalb durchaus freigestanden, neben dem Tierhalter auch ihn (direkt) zu belangen. Damit sind die Voraussetzungen für einen Rückgriff des zur Kasse gebetenen P auf ihn erfüllt – die Rechtssprache nennt dies das Vorhandensein eines Regressanspruchs.

Ob P allerdings seine ganzen Auslagen geltend machen kann, hängt davon ab, wie der Richter das Verschulden seiner Hilfsperson taxiert. Der Gehilfe haftet nämlich nicht aufgrund einer »Kausalnorm« – sein Verschulden ist für das Mass seiner Ersatzpflicht dementsprechend sehr wohl massgebend. Würde der Richter nun das Verschulden von P's Mitarbeiter nur als leicht bewerten, so hätte dieser – bei direkter Belangung – nur einen Teil des Schadens zu berappen. Dies wiederum hat zur Folge, dass der (kausalhaftpflichtige) Tierhalter seine Regressforderung auch nur in diesem reduzierten Umfang durchsetzen kann. Die Hilfsperson hat also in keinem Falle mehr zu bezahlen, als sie bezahlen müsste, wenn sie direkt eingeklagt würde.

Dieses Beispiel hat gezeigt, dass es durchaus möglich ist, dass schlussendlich mehrere für einen »Hundeschaden« einzustehen haben. Die Möglichkeiten sind hier recht vielfältig – wesentlich ist zusammenfassend folgendes:

1. Hätten es zwei voneinander unabhängige Parteien je für sich allein in der Hand gehabt, einen »Hundeschaden« durch geeignete Massnahmen zu verhindern, sind sie nebeneinander als Tierhalter anzusehen und beide haftpflichtig.

2. Ein Tierhalter kann hinsichtlich der Schadenstragung nur dann auf die verwendete Hilfsperson zurückgreifen, wenn der Geschädigte diese

wahlweise direkt hätte belangen können. Die ist nur möglich, sofern die Hilfsperson im Hinblick auf die Schadensursache in irgendeiner Weise schuldhaft gehandelt hat – wobei blosse Fahrlässigkeit bereits eine Schuldform darstellt.

IV. Die Tierhalterhaftpflicht als Gegenstand eines Versicherungsvertrags

1. Ist es sinnvoll, sich gegen solche Haftpflichtansprüche zu versichern?

Ein Blick in die Statistiken unserer namhaften Versicherungen zeigt, dass ungefähr 5 Prozent aller jährlich auftretenden Privathaftpflicht-Fälle dem Bereich »Hund« zuzuordnen sind. Nicht enthalten sind dabei die Mieterschäden, welche von Hunden verursacht wurden. Dies ist deshalb nicht der Fall, weil hier Schadenersatz erst bei Auflösung des Mietverhältnisses fällig wird, sofern es sich nicht um einen dringlichen Mangel handelt. Aber auch ohne diese Mieterschäden wird deutlich, dass ein »Hundeschaden« zwar nicht gerade das Wahrscheinlichste ist, das passieren kann – selten ist es aber keineswegs. So gesehen ist der Abschluss einer Versicherung also durchaus sinnvoll.

Noch sinnvoller wird die Sache, wenn man sich vor Augen hält, welche Ansprüche gerade beispielsweise bei einem durch einen Hund verursachten Verkehrsunfall auf den Halter zukommen können. Hier ist es – im schlimmsten Fall – durchaus denkbar, dass über Millionenbeträge gesprochen werden muss – ohne Versicherung ein recht unerfreulicher Aspekt. Es wird also grundsätzlich zu empfehlen sein, einen entsprechenden Versicherungsvertrag abzuschliessen.

2. Wie und wo kann eine entsprechende Versicherung üblicherweise abgeschlossen werden?

Üblicherweise offerieren die schweizerischen Versicherungsgesellschaften eine Deckung über die Allgemeinen Versicherungsbedingungen (AVB) der Privathaftpflicht-Versicherung oder der Betriebshaftpflicht-Versicherung. Dabei wird der Grundsatz der Spezialität angestrebt, welcher bedeutet, dass entweder die eine oder die andere Versicherung Schutz bieten soll. Eine Gefahr, die in den Bereich der Betriebshaftpflicht fällt, soll also nicht von der Privathaftpflicht erfasst werden. Die Privathaftpflicht-Versicherung schützt dabei die Einzelperson im Privatleben – die Betriebshaftpflicht-Versicherung deckt den Bereich ab, welcher mit Führung oder Tätigkeit in einem Betrieb im weitesten Sinne etwas zu tun hat. Dabei wird im Hinblick auf die Zuteilung auf die überwiegenden Kriterien abgestellt. Beispielsweise soll ein Hund, der zur Bewachung des Betriebes dient, auch dann über die Betriebshaftpflicht-Versicherung gedeckt sein, wenn er bei Gelegenheit auch noch die Wohnung des Abwartes mitbewacht – die »betriebliche Tätigkeit« überwiegt.

In der überwiegenden Zahl der Fälle, also immer dann, wenn der Hund nicht Gehilfe bei der Ausübung eines Berufes ist, kommt allein die Privathaftpflicht-Versicherung zur Übernahme des fraglichen Risikos in Betracht. Eine Privathaftpflicht-Versicherung schützt gegen die gesetzlichen Haftpflichtansprüche Dritter in einem bestimmten, durch die Allgemeinen Versicherungsbedingungen gegebenen Rahmen. Sie übernimmt Schäden, für die jemand als Privatperson, Familienoberhaupt, Schweizer Wehrmann oder Halter von Hunden usw. zur Verantwortung gezogen wird.

Eine solche Privathaftpflicht-Versicherung kann heute praktisch in jeder Gemeinde bei einer dort ansässigen Agentur einer der grossen Versicherungsgesellschaften entweder schriftlich beantragt oder anlässlich eines Agentenbesuches sofort abgeschlossen werden. Normalerweise beschränken sich die zu machenden Angaben auf das Geburtsdatum des Versicherungsnehmers und die Frage, ob in bestimmten Fällen ein Selbstbehalt übernommen werden will. Selbstbehalt bedeutet dabei, dass man im Schadensfall einen gewissen festen Anteil selber zahlt, wodurch sich natürlich die Versicherungs-Jahresprämie reduzieren lässt. Die Privathaftpflicht-Versicherung übernimmt Haftpflichtansprüche aus Personen- und Sachschäden bis zu einer Höhe von einer Million Franken bei einer Jahresprämie von rund Fr. 50 bis Fr. 110 (je nach Risiko und Selbstbehalt; Stand Sommer 1985). Wichtig ist nur, dass man sich vor Versicherungsabschluss auch wirklich Rechenschaft darüber ablegt, ob man eine Privathaftpflicht-Versicherung und nicht eventuell doch eine Betriebshaftpflicht-Versicherung braucht. Notfalls sollte die Frage mit dem Versicherungsvertreter besprochen werden – wenn hier etwas daneben geht, kann es sehr viel Geld kosten. Wo der Haken liegt, mag folgendes Beispiel zeigen:

Der Familienbetrieb des Schmuckhändlers D ist in der Altstadt einer Kleinstadt gelegen. Nachdem dort kurz hintereinander zweimal eingebrochen worden ist, entschliesst sich Herr D, einen Schutzhund anzuschaf-

fen. Er erwirbt zu diesem Zwecke die bereits ausgebildete Deutsche Schäferhündin »Tigris«, welche fortan während der Nachtstunden in den Geschäftsräumen verbleibt, um »auf den Schmuck aufzupassen«. Der nicht weit entfernt wohnende Herr D geht dabei regelmässig gegen Mitternacht nochmals in den Betrieb und macht zusammen mit Tigris »die Runde«.

Eines Nachts – Herr D ist gerade mit Tigris im Haus unterwegs – klingelt es an der Tür der Geschäftsliegenschaft. Herr D vermutet zuerst einen Einbrecher-Trick, öffnet die Tür aber dann doch. Dabei stellt er fest, dass es sich beim nächtlichen »Störenfried« lediglich um den Nachbarn T handelt, welcher darauf aufmerksam machen will, dass die Türen der Garagen in dieser Nacht versehentlich nicht verschlossen wurden. D bittet Herrn T herein und dabei passiert das Unglück: Tigris, welche nicht zugegen war und die Situation irgendwie missversteht, springt herbei und beisst Herrn T in die Schulter.

Herrn D ist die Sache natürlich ausserordentlich peinlich. Er versucht, Herrn T zu beschwichtigen und erklärt, selbstverständlich für alle Unkosten etc. geradezustehen. Schliesslich sei es sein Fehler, dass er Tigris beim Türöffnen nicht wenigstens an die Leine genommen habe – er sei also zweifellos »an der ganzen Sache schuld«. Überdies habe er ja eine Versicherung – die werde für die Kosten ohnehin geradestehen.

Wenig später meldet Herr D den Schaden seiner Privathaftpflicht-Versicherung an, worin auch Tierhaltung versichert ist. Die Versicherung prüft die Angelegenheit und teilt Herrn D in der Folge mit, für den geschilderten Fall sei keine Versicherungsdeckung gegeben. Tigris sei nämlich ganz klar kein »Privat-Hund«, sondern ein »Geschäfts-Hund«. Die bestehende Privathaftpflicht-Police schaffe deshalb keine Deckung für den Schaden. Ist dieser Standpunkt haltbar?

Im Schadensfall prüft die Versicherungsgesellschaft – nachdem das entsprechende Schadensformular eingereicht wurde – in einer ersten Phase, ob entsprechend den Allgemeinen Versicherungs-Bedingungen (AVB) Versicherungsdeckung besteht. »Deckung« heisst dabei nicht, dass der Versicherungsnehmer für einen konkreten Fall haftet, sondern nur, dass er versichert ist. Damit Versicherungsdeckung gegeben ist, muss der Versicherungsnehmer einen entsprechenden Versicherungsvertrag abgeschlossen haben. Daneben müssen auch die Prämien bezahlt worden sein, und es darf keiner der in den AVB aufgelisteten Ausschlussgründe zutreffen. Schlussendlich muss der Schadensverursacher noch dem versicherten Personenkreis zuzurechnen sein. Bei Bejahung all dieser Fragen kann gesagt werden, dass Versicherungsdeckung vorliegt.

Zurück zu unserem Fall: Tigris ist geradezu das klassische Beispiel für einen »Berufsgehilfen«. Sie war eindeutig und hauptsächlich dazu da, den Betrieb zu bewachen – ja sie lebt sogar im Betrieb und nicht in einem anderswo gelegenen Privathaushalt. Es versteht sich deshalb nach dem Gesagten von selbst, dass das Ganze mit der Eigenschaft von Herrn D »als Privatmann« nicht viel oder genaugenommen gar nichts zu tun hat. Er hätte deshalb – um gegen Ansprüche wie den vorliegenden versichert zu sein – zweifellos eine Betriebshaftpflicht-Versicherung abschliessen müssen. Dies hat er nicht getan – der Standpunkt der Versicherung ist also durchaus haltbar. Dies wiederum hat zur Folge, dass die Kosten für Herrn T's verletzte Schulter an D's eigenem Portemonnaie hängenbleiben werden. Aus diesem Grund ist es ausserordentlich wichtig, allfällige Unsicherheiten oder Grenzfälle mit dem Versicherungsberater zu bereinigen – eine Versicherung nützt gar nichts, wenn es sich im Schadensfall herausstellt, dass es die falsche ist.

3. Was bedeutet der Ausdruck »Versicherungsdeckung« und wieweit geht in der Regel die Ersatzpflicht der Versicherung?

Wie wir bereits im vorhergehenden Kapitel gesehen haben, ist ein Versicherungsnehmer versicherungsrechtlich nur dann gedeckt, wenn ein entsprechender Versicherungsvertrag abgeschlossen wurde. Überdies muss der Schadensverursacher dem versicherten Personenkreis zuzurechnen sein, und es ist ferner wesentlich, dass die Versicherungsprämien bezahlt worden sind. Zu guter Letzt darf keiner der in den Allgemeinen Versicherungs-Bedingungen (AVB) aufgelisteten Ausschlussgründe zutreffen. Die AVB sind nun genau das, was man landläufig unter »Kleingedrucktes« abstempelt und – oft nur aus Bequemlichkeit – manchmal nicht so genau liest. Dies kann zur Folge haben, dass man sich in einer falschen Sicherheit wähnt und deshalb im Schadenfall unangenehme Überraschungen erlebt. Das folgende Beispiel mag dies beleuchten:

Familie W besteht aus den Eltern W und zwei Mädchen im Alter von fünf und acht Jahren. Die W's wohnen in einem eigenen Haus in einer ländlichen Gemeinde – zur Familie gehören noch die Bullterrier-Rüden »Sir«

und »Lord« und die Katze »Tago«. Beide Kinder haben zu allen Tieren ein sehr gutes Verhältnis, wobei sie die Katze heiss und innig lieben, die Hunde aber eher mit Respekt betrachten. Auch hinsichtlich der Tiere untereinander gibt es keine Probleme.

An einem Sommertag des Jahres 1984 sind sowohl Kinder als auch Vierbeiner allesamt im Garten – beide Elternteile sind abwesend. Während Sir und Lord anfänglich harmlos mit der Katze spielen, geht ihr Temperament mit ihnen durch. Aus der harmlosen Balgerei wird Ernst – die völlig überrumpelte Tago kratzt und schreit um ihr Leben. Beide Mädchen werden auf das Geschehen aufmerksam und merken, dass es ihrer geliebten Katze an den Kragen geht. In ihrer Sorge vergisst die Jüngere ihren Respekt vor den Hunden und eilt Tago zu Hilfe. Die Hunde sind mittlerweile derart in eine Raserei geraten, dass sie auch vor dem Mädchen nicht haltmachen. Vermutlich ist es nur der Tatsache, dass es der gerade heimkehrenden Mutter gelingt, die Ruhe einigermassen wieder herzustellen, zuzuschreiben, dass die fünfjährige »nur« mit einigen üblen Bisswunden davonkommt.

Als in der Folge abzusehen ist, dass an Arztrechnungen einiges zusammenkommen wird, geht Vater W »über seine Versicherungspolicen«. Er stellt fest, dass der familiäre Unfall-Versicherungsschutz absolut ungenügend ist – dafür findet er noch eine Privathaftpflicht-Versicherung, worin Schäden aus Tierhaltung eingeschlossen sind. Er meldet also die Angelegenheit seinem Haftpflicht-Versicherer. Dort muss er sich sagen lassen, zum einen bestehe sowieso keine Deckung – und selbst wenn Deckung bestehen würde, hätte er grobfahrlässig gehandelt, was ohnehin zu einer Kürzung der Leistungen führen würde. Wie ist die Rechtslage?

Im grossen und ganzen kennen die AVB der schweizerischen Versicherungsgesellschaften folgende Schadensgruppen, denen die Deckung fehlt:

- Schäden, die durch die gleiche Police versicherte Personen selbst durch die Tierhaltung erleiden;

- Vorkommnisse, die gewerbsmässig beaufsichtigte Hunde (etwa eines Tierheims) verursachen – dieser Bereich gehört zur im vorigen Kapitel behandelten Betriebshaftpflicht;

- Ereignisse, deren Eintritt mit hoher Wahrscheinlichkeit erwartet werden musste. »Mit hoher Wahrscheinlichkeit erwartet« wird ein Haftpflichtereignis, wenn es für den vernünftigen Menschen offensichtlich ist, dass ein bestimmtes Verhalten normalerweise einen derartigen Schaden verursacht. Dies trifft z. B. dann zu, wenn ein Hund alle Räume einer Mietwohnung verunreinigt. Solches hätte der Hundehalter in der Regel erkennen und entsprechende Vorkehrungen treffen müssen;

- Schäden, die als Folge eines vorsätzlichen Verbrechens oder Vergehens erscheinen müssen. Dies wäre etwa dann der Fall, wenn ein Hundehalter seinen Hund absichtlich auf einen Menschen hetzen würde, um sich an diesem zu rächen. Der so entstehende Schaden wäre durch die Versicherung nicht gedeckt;

- Fälle, wo der Versicherungsnehmer blosser Eigentümer, nicht aber Halter des entsprechenden Tieres ist. Eine Ausnahme bildet hier die in früheren Kapiteln behandelte sogenannte unentgeltliche Interimshalterschaft für kurze Zeit (max. 4 Wochen) – also die kurzfristige Betreuung des Tieres durch Dritte.

Bereits aus dem ersten der hier aufgezählten Punkte hat sich ergeben, dass die Versicherung in unserem Fall im Recht ist. Denn den Schaden erlitt vorliegend nicht ein fremdes Mädchen, sondern die eigene Tochter – also eine »durch die gleiche Police versicherte Person«. Mit anderen Worten: Im Fall W besteht tatsächlich keine Versicherungsdeckung.

Mit ihrem zweiten Hinweis hat die Versicherungsgesellschaft ebenfalls nicht unrecht. Selbst wenn es um ein fremdes Mädchen ginge, müsste Herr W nämlich mutmasslich einen Teil des Schadens selber berappen. Dies ist so, weil die Versicherungsgesellschaft ihre Leistungen kürzen kann, wenn grobfahrlässig gehandelt wurde. Von »grobfahrlässig herbeigeführtem Schaden« ist immer dann die Rede, wenn ein Vorkommnis auf die Verletzung von elementaren Sorgfaltspflichten zurückzuführen ist – wenn man sich also fragen muss, wie der Massgebende das oder dieses nur hat tun oder unterlassen können.

Abzugrenzen ist die Grobfahrlässigkeit vom bloss fahrlässigen Handeln, welches man etwa mit »das kann schon mal passieren« charakterisieren könnte. Item – bei Grobfahrlässigkeit steht dem Versicherer ein Kürzungsrecht zu, wobei in der Praxis eine solche Kürzung bei etwa 25 bis max. 50 Prozent der Versicherungsleistungen liegt.

Auch bei Vorliegen eines offensichtlichen Gefälligkeitstatbestandes kann die Versicherungsgesellschaft ihre Leistungen kürzen. Solches trifft beispielsweise dann zu, wenn der Versicherungsnehmer seinem Kollegen beim Umzug hilft und dabei ein Möbel beschädigt. In der Praxis liegt die Höhe dieses Abzugs zwischen 25 und 33 Prozent – überdies wird gerade diese Kürzung nur bei klaren und eindeutigen Fällen angewendet.

Und nun wieder zurück zu unserem Fall: Wer zwei kleine Kinder zusammen mit einer Katze und insbesondere mit zwei Hunden einer »Kampfhunde-Rasse« (Bullterrier) allein ohne Aufsicht lässt, der wird sich – wenn etwas passiert – von der Versicherung zumindest vorwerfen lassen müssen, er habe grobfahrlässig gehandelt. Vielleicht gelingt es ihm, nachzuweisen, dass bei diesen speziellen Hunden – beispielsweise wegen ihres besonders lieben Charakters – nicht mit einem ähnlichen Vorfall gerechnet werden musste. Scheitert diese »Einrede« aber, so wird bei einer solchen Situation der Vorwurf der Grobfahrlässigkeit im Raum stehen bleiben – und damit unter Umständen eine Leistungskürzung nach sich ziehen. Mit anderen Worten: Selbst bei einem fremden Kind hätte Herr W mutmasslich für einen Teil des Schadens in die eigene Tasche greifen müssen.

Anhand dieses Fallbeispiels ist sicherlich in Erscheinung getreten, wie wichtig u. U. gerade das Kleingedruckte in Versicherungs-Verträgen sein kann. Ferner ist es ebenfalls von nicht zu unterschätzender Bedeutung, die Übersicht hinsichtlich der eigenen Versicherungspolicen nicht zu verlieren. Solches kann keineswegs nur dann ungünstig sein, wenn man im Schadensfall feststellt, dass man gerade hier nicht oder nicht genügend versichert ist. Es ist umgekehrt auch durchaus denkbar, dass sich verschiedene Policen »überschneiden« – und das wiederum kostet (Prämien)-Geld.

4. Besteht ein direkter Anspruch des Geschädigten gegenüber der Drittversicherung?

Wenn irgendwo etwas passiert, bekommt man nur zu oft zu hören: »Setzen Sie sich doch direkt mit meiner Versicherung in Verbindung – die wird dann schon alles regeln.« Manchmal lässt sich die Sache dann so auch wirklich reibungslos abwickeln – manchmal aber eben nicht. Aus diesem Grunde ist es für den Einzelnen wichtig, zu wissen, ob und wann er gegenüber der Versicherung des Schädigers einen direkten Forderungsanspruch hat und wie es damit bei Tierhalter-Schäden steht. Denn wie wir gesehen haben, kann gerade im Zusammenhang mit Tier-Unfällen sehr leicht eine grosse Schadenssumme zusammenkommen. Und wenn der Schädiger dann

u. U. nicht gut bei Kasse ist, ist die Frage, gegen wen man vorgehen kann, durchaus ein relevantes Problem. Dies zeigt sich auch an folgendem Fall:

P als alleinstehender junger Mann lebt zusammen mit seinen drei »Dobermännern« (zwei Rüden und eine Hündin) in einem gemieteten Bauernhaus mit viel Umschwung. Als freischaffender Journalist ist er zwar finanziell nicht auf Rosen gebettet – dafür hat er aber viel freie Zeit und kann sich ausgiebig um seine Hunde kümmern.

Als sich P eines Tages entschliesst, an einem dreitägigen Seminar im Ausland teilzunehmen, hofft er, für seine Abwesenheit einen »Hundesitter« zu finden. Aber: Der Termin rückt näher und niemand erklärt sich bereit, auf seine »Meute« aufzupassen. P erwägt deswegen schon, überhaupt nicht zu fahren – da kommt ihm der Gedanke, in dieser Umgebung könne er die Tiere an sich durchaus für zwei Nächte allein lassen. Futterreserven könne er bereitstellen. Und wenn er noch den Zaun ausbessere, sei auch der Auslauf sichergestellt. P entschliesst sich für diese »Variante«.

Am Abreisetag fällt P voller Schrecken ein, dass er vergessen hat, den Zaun zu flicken. Er besorgt dies noch im »Schnellverfahren«, stellt das Futter bereit und fährt weg. Schon wenig später machen sich die Hunde an die Arbeit – die Beseitigung des »Schnellverfahrens« ist für sie kein unüberwindliches Problem. Bereits am Nachmittag haben sie es – vermutlich mit vereinten Kräften – irgendwie geschafft und entweichen durch die Lücke in die Freiheit. Sie streifen zu dritt durch die Nachbarschaft, dringen gegen Abend in den Stall des Hühnerfarmers Z ein und töten dort nach und nach sämtliche Leghennen. Als Z das Trio entdeckt, ist es bereits zu spät – aber wenigstens weiss er so, wer die Übeltäter waren. Er versucht in der Folge, die Schadenssache mit dem zwischenzeitlich zurückgekehrten P zu regeln – allerdings ohne Erfolg. P sieht zwar grundsätzlich ein, dass er für die Leghennen aufzukommen hat – allerdings hat er einerseits kein Geld und andererseits keine Lust. Überdies habe er ja eine Versicherung.

Als es Z zu bunt wird, überlegt er sich, bei P sei wohl sowieso nicht viel zu holen. Er belangt deshalb direkt und ausschliesslich die Versicherungsgesellschaft und macht dort geltend, sie solle jetzt erst einmal zahlen – nachher könne sie ja auf P »Regress nehmen«. Ist dieser Standpunkt richtig?

Einer zwischen Versicherungsnehmer und Versicherer abgeschlossenen Haftpflichtversicherung steht der geschädigte Dritte grundsätzlich als Unbeteiligter gegenüber. Er ist nicht Vertragspartei und besitzt gegen den Versicherer kein eigenes Forderungsrecht und kein Klagerecht. Hingegen hatte er – im Umfang seiner Schadenersatzforderung – ein Pfandrecht am Versicherungsanspruch des Versicherungsnehmers. Bei Zahlungsunfähigkeit des Versicherungsnehmers bleibt also die Leistung aus der Haftpflichtversicherung dem Zugriff anderer Gläubiger entzogen – der Geschädigte hat Anspruch auf den Erhalt des vollen Betrages.

In unserem Fall steht damit also fest, dass Z den falschen Weg wählte, als er direkt und ausschliesslich die Versicherungsgesellschaft belangte. In der Zweier-Beziehung Versicherungsnehmer/Versicherer ist er nicht Vertragspartner und hat kein eigenes Klagerecht. Es wird ihm also nichts anderes übrigbleiben, als dennoch P ins Recht zu fassen. Wohl wird P u. U. trotz festgestellter Forderung nachher nicht zahlen können – aber dann kommt das Pfandrecht am Versicherungsanspruch des P zum Zuge. Es ist also auch bei Zahlungsunfähigkeit des P nichts verloren.

Nun noch zur Anmerkung Z's, der Versicherer könne ja auf P Regress nehmen – also zurückgreifen: Den Regressfall kennt das Schweizerische Versicherungsrecht nur bei obligatorischen Haftpflichtversicherungen wie beispielsweise solchen für Motorfahrzeuge. Im Vordergrund steht für den Gesetzgeber dort nicht der Schutz des Vermögens des Haftpflichtigen, sondern jenes des Geschädigten. Der Versicherer ist dabei in der Regel verpflichtet, dem Geschädigten seinen ganzen Schaden zu ersetzen. Übersteigt dieser Betrag jenen, welcher dem Versicherten aufgrund des Versicherungsvertrages geschuldet gewesen wäre, so wird dies durch das gesetzliche Regressrecht korrigiert – der Versicherer kann also auf den Versicherungsnehmer zurückgreifen.

Anders verhält es sich bei der nicht-obligatorischen – freiwilligen – Haftpflichtversicherung – also beispielsweise, wenn es um Tierhalter-Ansprüche geht. Da hier der Geschädigte sowieso kein direktes Forderungsrecht besitzt, ersetzt der Versicherer dem Versicherten nur jenen Schaden (teil), den er zufolge seiner Allgemeinen Versicherungs-Bedingungen zu decken verpflichtet ist. Er zahlt also im Prinzip nie zuviel – es kann somit auch zu keinem Regress im Sinne des Wortes kommen. Immerhin kommt es in der Praxis vor, dass dem Geschädigten zuerst der ganze Schadensbetrag ausbezahlt wird und dann ein Rückgriff auf den Versicherungsnehmer erfolgt. Solches Vorgehen wird aber immer erst nach entsprechender

Absprache mit dem Versicherungsnehmer und freiwillig – aus Kulanzgründen gegenüber dem Geschädigten – praktiziert. Im Streitfalle ist dieser direkte Weg nicht durchzusetzen – der Geschädigte hat sich also an den Tierhalter-Haftpflichtigen zu halten.

V. Welche Rechte und Pflichten hat der Einzelne gegenüber fremden Hunden?

1. Wissenswertes vom Umgang mit gefundenen und zugelaufenen Hunden

Dass jemandem eine Katze zuläuft, kommt relativ häufig vor. Meist tut der Betroffene dann instinktiv das Richtige – er versucht auf die eine oder andere Art und Weise, herauszufinden, wem das Tier gehört. Gelingt dies über eine gewisse Zeit nicht, wächst bei manchem Tierfreund der Wunsch, das nun schon sozusagen zum Haushalt gehörende Lebewesen zu behalten.

Würde dieser Ablauf der Ereignisse nun bloss bei Katzen vorkommen, könnten wir ihn im vorliegenden »Hundebuch« getrost vergessen. Aber: Es entlaufen keineswegs nur Katzen – schon manch einer ist auf diese Art und Weise »auf den Hund gekommen«. Da sich aus dem Zulaufen oder dem Fund auch eines Hundes etwelche Probleme ergeben können, ist es wichtig, über die Rechtslage in etwa Bescheid zu wissen. Auf der einen Seite geht es darum, sich darüber zu orientieren, unter welchen Umständen man einen »Findling« behalten kann. Andererseits ist es auch von Bedeutung, wenigstens grundsätzlich Bescheid darüber zu wissen, welche Möglichkeiten bestehen, wenn ein eigenes Tier abhandengekommen ist. Beginnen wollen wir – wie immer mit einem Beispiel – mit der Situation des »Finders«:

Der pensionierte Postbeamte G verbringt seine Freizeit zur Hauptsache mit ausgedehnten Wanderungen, auf welchen ihn regelmässig sein schon sehr betagter Hund begleitet. Eines Tages bricht sein Tier auf einem der Spaziergänge zusammen und stirbt wenig später an Altersschwäche. G ist ausserordentlich traurig über den Verlust seines treuen Gefährten – obwohl ihm alle raten, sich einen neuen Hund anzuschaffen, kann er sich mit dem Gedanken im Moment nicht anfreunden.

Eines Tages wandert G durch den nahe bei seinem Wohnort gelegenen Wald und stösst dabei auf eine am Bein stark verletzte, brandmagere und völlig verängstigte Pudel/Dackel-Mischung. Mit viel Geduld gelingt es G, das bei seinem Anblick in Panik geratene Tier zu beruhigen. Als er schliesslich noch seine mitgeführten Brote an den Hund verfüttert, ist das Eis gebrochen. In der Folge trägt G das Tier, welches selbst kaum gehen kann, auf direktem Wege zum Tierarzt.

Der Tierarzt verarztet den Findling und stellt fest, dass dessen Wunde schon mehrere Wochen alt sein muss. Auch die körperliche Schwäche des Tieres deutet auf eine derart lange Zeit ohne Pflege hin. Da überdies ein Halsband fehlt, drängt sich der Gedanke auf, der Hund könnte eventuell ausgesetzt worden sein.

Mit seinem Schützling nach Hause zurückgekehrt, durchforstet G sämtliche neuen und alten Zeitungen der Umgebung. Eine »Vermissten-Anzeige«, welche auf seinen Findling passen würde, kann er nirgends entdecken. Hierauf beschliesst er, den Hund schlicht und einfach zu behalten. Ist diese Handlungsweise richtig?

Die Frage, ob man einen gefundenen oder zugelaufenen Hund behalten kann, ist weitgehend mit dem Problem gleichzusetzen, wann man in einem solchen Fall das Eigentum am Tier erwirbt. Unser Zivilgesetzbuch unterscheidet den Erwerb »auf dem Recht des Vorgängers« (sog. derivativer Erwerb; z. B. Kauf) vom Erwerb »unabhängig vom Vorgänger« (sog. originärer Erwerb; z. B. Aneignung, Fund).

Da bei unserem Fall kein Vorgänger im Spiel ist, können wir den derivativen Erwerb ausschliessen. Stattdessen müssen wir alle Möglichkeiten des originären Eigentums-Erwerbs durchgehen und prüfen, ob hier einer dieser Fälle gegeben ist. Die erste der vier möglichen Varianten ist die bereits erwähnte Aneignung.

Unter »Aneignung« versteht man den Eigentumserwerb durch Besitznahme einer herrenlosen Sache – und zwar verbunden mit der Absicht, deren Eigentümer zu werden. Damit kommen wir zur Frage, was unter »herrenlos« zu verstehen ist. Diesbezüglich werden drei Gruppen unterschieden:

– zahme Tiere, welche erst dann herrenlos werden, wenn der bisherige Eigentümer sein Recht vorbehaltslos aufgibt (sie also beispielsweise aussetzt). Werden zahme Tiere in einem Käfig gehalten, ist dies erst der Fall, wenn die Verfolgung aufgegeben wird;

– gezähmte Tiere werden herrenlos, sobald sie wieder in den Zustand der Wildheit geraten und nicht mehr zu ihrem Herrn zurückkehren;

– gefangene wilde Tiere, welche ebenfalls erst herrenlos werden, wenn der bisherige Eigentümer die Verfolgung aufgibt.

Bei einem Hund ist nun davon auszugehen, dass es sich dabei um ein zahmes Tier handelt. Eine in seinen Besitz gelangte Person wird deshalb Eigentümer – kann den Hund also behalten –, wenn der vorherige Eigentümer sein Herrschaftsrecht tatsächlich aufgegeben hat. Dies kann immer dann angenommen werden, wenn kein dagegensprechendes Recht geltend gemacht wird. Tritt nun aber der bisherige Eigentümer an den Finder heran und kann sein besseres Recht beweisen, so ist der Findling herauszugeben – es sei denn, es seien seit dem Fund und seiner Bekanntmachung mehr als fünf Jahre verstrichen. Die Sache verhält sich nämlich so:

Als »gefunden« gilt ein Hund dann, wenn der bisherige Eigentümer sein Eigentum nicht aufgegeben (den Hund also nicht ausgesetzt usw.) hat. Der Finder erwirbt in einem solchen Falle das Eigentum am gefundenen Tier dann, wenn er seinen Pflichten nachgekommen ist – was bedeutet, dass er den Fund zumindest der Polizei (oder dem bisherigen Eigentümer, wenn ihm dieser bekannt ist) anzeigen muss. Macht dann während fünf Jahren niemand Ansprüche auf den gefundenen Hund geltend, geht er ins Eigentum seines Finders über und braucht nicht mehr herausgegeben zu werden.

Mit der Fundsituation gleichzustellen ist der Fall, wo jemandem ein Hund – sei es durch Naturgewalten, sei es durch Zufall – zugeführt wird. Auch dort hat Anzeige zumindest bei der Polizei zu erfolgen und der neue Besitzer darf sich erst Eigentümer nennen, wenn innert fünf Jahren niemand Rechte an dem Tier geltend gemacht hat. Dann aber braucht er den Hund nicht mehr herauszugeben.

Als letzte Möglichkeit des originären Eigentumserwerbs kennen wir noch die sog. Ersitzung. Jemand nimmt z. B. statt des eigenen einen fremden Welpen mit und bemerkt die Verwechslung gar nicht – dementsprechend kann er sie auch niemandem anzeigen. In einem solchen Falle genügt fünfjähriger (gutgläubiger) Besitz, um Eigentümer zu werden. Danach braucht das Tier auch dann nicht mehr herausgegeben zu werden, wenn nun auf einmal jemand anderes beispielsweise die Verwechslung bemerken würde.

Nun zurück zu unserem Fall: G nimmt zwar an, das gefundene Tier sei ausgesetzt worden – Gewissheit hat er aber nicht. Nichtsdestotrotz unterlässt er es, den Fund zumindest bei der Polizei anzuzeigen oder gar ein eigenes Inserat aufzugeben. Diese Handlungsweise ist entschieden nicht richtig. Sie hat zur Folge, dass er den gefundenen Hund auch nach Ablauf der vorne geschilderten Fünf-Jahres-Frist wieder herausgeben muss, wenn sich der bisherige Eigentümer meldet und sich herausstellt, dass das Tier gar nicht ausgesetzt wurde, sondern beispielsweise entlaufen ist. Dieser Rückgabepflicht könnte G nur dann entgehen, wenn er im nachhinein beweisen könnte, dass der Hund trotz aller gegenteiligen Angaben eben doch ausgesetzt wurde. Dann nämlich wäre das Tier wie dargestellt zum Zeitpunkt des Fundes herrenlos gewesen und G hätte unverzüglich daran Eigentum (durch Aneignung) erwerben können. Gelingt G aber der Nachweis, dass der bisherige Eigentümer seine Rechte vorbehaltslos aufgegeben hat, nicht, wird er den gefundenen Hund wieder hergeben müssen.

Nachdem wir nun gesehen haben, unter welchen Umständen an einem gefundenen (oder auch zugelaufenen) Hund Eigentum erworben werden kann, kommen wir zu der eingangs bereits erwähnten zweiten Problematik – nämlich zur Frage, was man unternehmen kann, wenn ein Hund abhandengekommen ist und man diesen zurückfordern will. Auch hier wollen wir die verschiedenen Aspekte wieder an einem Beispiel aufrollen:

Die Familie K wohnt in einem kleinen Einfamilienhaus auf dem Lande, dessen Garten mit einem Maschendrahtzaun umgeben ist. Die K's haben sich zu dieser an sich nicht sehr schönen Zaun-Lösung durchgerungen, weil sich im Laufe der Zeit bei ihnen drei »Tierschutz-Hunde« angesammelt haben. Das Mischlings-Trio kann so auch unbeaufsichtigt im Garten herumtollen und hat gleichzeitig keine Möglichkeit, auszurücken.

Im Frühjahr des Jahres 1984 regnet es während mehrerer Tage ausgesprochen stark, so dass der Boden aufgeweicht wird. Nur so ist es zu erklären, dass es den Hunden anschliessend gelingt, den tief im Boden verankerten Zaun zu »untergraben«. In einem unbeaufsichtigten Moment rücken alle drei aus – nur zwei der Tiere können im Laufe des Abends wieder eingefangen werden. Die Berner Sennen/Labrador-Hündin bleibt verschwunden.

Als am nächsten Tag noch immer jede Spur vom vermissten Tier fehlt, informieren die K's die Polizei und alle ansässigen Tierschutz-Organisationen. Gleichzeitig geben sie in mehreren Zeitungen der Umgebung »Ver-

missten-Inserate« auf und setzen für die Wiederbeschaffung ihrer Hündin einen Finderlohn aus. Allein – es tut sich nichts.

Ein paar Monate später fährt Frau K mit ihrem Wagen ins Nachbardorf. Auf einmal sieht sie auf dem Trottoir eine Frau, welche – völlig unverwechselbar – die entlaufene Hündin an der Leine führt. Frau K hält an, springt aus ihrem Auto und stürzt auf die Frau zu. Als sie noch nicht ganz bei ihr ist, realisiert diese, dass das Tempo offenbar ihr gilt und macht sich in entgegengesetzter Richtung davon. Frau K beginnt nun, nach ihrer Hündin zu rufen – das Tier erkennt sie ohne weiteres und zieht in ihre Richtung. Dadurch wird die fremde Frau in ihrer »Flucht« behindert und Frau K holt sie ein. Zwischen den beiden Frauen kommt es zu einem heftigen Wortwechsel, worauf Frau K versucht, der Fremden die Hundeleine zu entreissen. Das Ganze artet in Handgreiflichkeiten aus und Passanten werden auf die Szene aufmerksam.

Gerade als Frau K die Leine siegreich »errungen« hat, taucht die Polizei auf und nimmt die Frauen samt Hund mit auf den Posten. Dort gelingt es Frau K ohne weiteres, die Polizisten von der Sachlage zu überzeugen. Auch bringen diese für ihre Handlungsweise durchaus Verständnis auf. Aber: Sie muss sich dennoch sagen lassen, dass ihr Vorgehen keineswegs korrekt gewesen sei. Weshalb?

Wenn ich jemanden auf frischer Tat bei einem Diebstahl ertappe, darf ich als Eigentümer den Täter verfolgen und ihm die Sache wieder abnehmen – vorausgesetzt, ich brauche dazu keine nach den Umständen nicht gerechtfertigte Gewalt. Soweit ist »Selbsthilfe« also zulässig. Anders ist die Lage, wenn ich das mir abhandengekommene Eigentum später irgendwo wieder entdecke. Dann darf ich nämlich zwar hingehen und die Sache herausverlangen. Bekomme ich sie indessen nicht »freiwillig«, habe ich mich jeder »Gewalt« zu enthalten und stattdessen von den rechtlichen Möglichkeiten Gebrauch zu machen. Dabei kann ich unter verschiedenen »Klagearten« wählen.

Zur Verfügung steht einmal die sogenannte Besitzesschutzklage, welche – wie die andern Klagen auch – auf Rückgabe der Sache zielt. Wichtig ist hier nur, zu wissen, dass mit dieser Klage ausschliesslich die Frage des Besitzes – welche im letzten Kapitel diese Buches ausführlich behandelt wird – abgeklärt wird. Ich brauche also im vorliegenden Fall nur zu beweisen, dass ich den fraglichen Hund vorher besass und er mir weggenommen wurde – dann wird der Richter mein Begehren schützen.

Neben der Besitzesschutzklage, welche meist in einem beschleunigten Prozessverfahren behandelt wird, steht mir auch noch die sog. Besitzesrechtsklage zur Verfügung. Dort muss ich entweder meinen unfreiwilligen Besitzesverlust oder den bösgläubigen Besitz des »Finders« beweisen. Ein Finder, der seinen Verpflichtungen (Anzeige des Fundes zumindest bei der Polizei) nicht nachgekommen ist, ist dabei in diesem Sinne als »bösgläubig« zu betrachten. In unserem Falle könnte nun die Familie K sowohl den unfreiwilligen Besitzesverlust als (vermutlich) auch den bösgläubigen Besitz beweisen – sie würde also mit der Besitzesrechtsklage unbedingt durchdringen. Mit der Besitzesschutzklage dagegen würde sie scheitern, da ihr der Hund nicht gestohlen wurde, sondern entlaufen ist.

Zusammenfassend lässt sich also sagen, dass beide Besitzesklagen im Prinzip auf dem früheren Besitz der Sache gründen. Wie aber steht es in einem Fall, wo der Eigentümer gar noch nie Besitzer der abhandengekommenen Sache war? Man denke da beispielsweise an die Situation, wo sich eine trächtige Hündin verkriecht und in der Folge ihre Jungen auf fremdem Grund und Boden zur Welt bringt. Die Welpen gehören nun zwar ohne Zweifel dem Eigentümer des Muttertieres – »besessen« aber hat er sie noch nie. Will er sie nun herausverlangen, fallen mangels früheren Besitzes sämtliche Besitzesklagen weg. Er muss stattdessen »aus dem Eigentumsrecht heraus« klagen (sog. Klage aus dem Recht oder rei vindicatio) – also sein Eigentum nachweisen. Dann wird sein Herausgabeanspruch geschützt.

Wichtig ist noch, dass die letztgenannte »Klage aus dem Recht« im Gegensatz zu den beiden anderen keine Verjährung bzw. Verwirkung kennt. Sie kann also u. U. dort noch erfolgreich sein, wo die Besitzesklagen wegen Zeitablaufs versagen. Schlussendlich muss man im Zusammenhang mit dem Beispiel eines auf fremdem Grund und Boden entwichenen Tieres noch folgendes wissen: Wer auf der Suche nach einem abhandengekommenen Vierbeiner auf ein fremdes Grundstück muss, der darf darauf zählen, dass ihm auf Anfrage hin das Betreten des fremden Bodens gestattet wird. Ebenso steht ihm von Gesetzes wegen (Art. 700 ZGB) das Recht zu, sein wiedergefundenes Eigentum zu behändigen und wegzuschaffen. Voraussetzung hierfür ist, dass dem Dritten ein allfällig vom Tier angerichteter Schaden ersetzt wird. Erst wenn dies geschehen ist, braucht jener also das fremde Eigentum herauszugeben. Bis zu diesem Zeitpunkt gehört ihm das Tier zwar nicht, er hat daran aber ein Retentionsrecht. Mit anderen Worten: Solange er ein Guthaben hat, kann er den Vierbeiner sozusagen als Pfand behalten. Zu diesem Guthaben gehört im übrigen auch, was er u. U. für das Tier aufwenden musste – für Futterkosten oder ähnliches besteht also Anspruch auf Auslagenersatz.

Nun abschliessend wieder zurück zu unserem Fall: Wie wir gesehen haben, hätte die Familie K zumindest zwei rechtliche Möglichkeiten (Besitzesklage und Klage aus dem Recht) gehabt, um die Herausgabe ihrer Hündin durchzusetzen. Nachdem sich angesichts der ganzen »Strassenszene« wirklich nicht sagen lässt, die fremde Frau habe Frau K die Leine (und damit das Tier) »freiwillig« herausgegeben, war Frau K's »Selbsthilfe« in jener Situation zwar mehr als verständlich, aber nicht korrekt. Anders wäre nur zu entscheiden, wenn die Hündin gestohlen worden wäre und Frau K den Dieb auf frischer Tat ertappt hätte. Dann hätte sie – aber wohlverstanden ohne »Gewalt-Exzesse« – durchaus zur Selbsthilfe greifen dürfen, um ihr Eigentum unmittelbar wieder zu behändigen.

Anhand dieser beiden Beispiele dürften nun zumindest die Grundsätze klar sein, nach welchen sich der Umgang mit entlaufenen bzw. zugelaufenen Hunden zu richten hat. Die hier erfolgte Einführung in die entsprechende Problematik ändert aber nichts daran, dass es sich dabei – zumindest was die verschiedenen Klagearten angeht – um eine überaus komplexe Angelegenheit handelt. Wer unsicher ist, welche Variante nun auf seinen eigenen Fall zutrifft, sollte deshalb keinesfalls zögern, juristischen Rat zu suchen. Dies ist nun allerdings nicht etwa eine Aufforderung, sich an einen Anwalt zu wenden – es stehen auch genügend (zum Teil staatliche und unentgeltliche) Rechtsauskunftsstellen zur Verfügung. Aber nochmals: Gerade hier kann ein Laie in dem Fristen- und Anspruchsdurcheinander leicht untergehen – er sollte also gegebenenfalls wirklich nicht zögern, sein Problem mit einem Juristen zu besprechen.

2. Ein fremder Hund richtet Schaden an. Was kann und darf man tun?

Gerade ein Tierfreund wird es sich mehrfach überlegen, ob er gegen einen fremden Hund überhaupt etwas unternehmen will. Ist ihm ein Tier einfach zugelaufen, so sind ihm ohnehin klar umschränkte Pflichten auferlegt – diese wurden im vorhergehenden Kapitel geschildert. Hier geht es um etwas ganz anderes, nämlich um die Frage, was man vorkehren kann und darf, wenn ein fremdes Tier sich nicht als »harmlos« erweist, sondern Schaden anrichtet. Darf man sich dann selber helfen? Und wenn ja, ist Selbsthilfe stets zulässig oder braucht es dafür besondere Umstände?

Diesen Problemen wollen wir hier – auch wieder anhand von Beispielen – auf den Grund gehen. So ereignete sich beispielsweise folgendes:

Anlässlich der Bernischen Herbstjagd hatten sich die beiden Niederlaufhunde des Jägers E selbständig gemacht. Am späten Nachmittag gelangten sie auf das Gehöft der Bauernfamilie D, begannen dort mit einer Hühnerjagd und töteten etliche Leghennen. Die Bauersleute D befanden sich zu jener Zeit auf dem Kartoffelacker und bemerkten deshalb vorerst nichts. Erst als die beiden Hunde anfingen, auch noch die Kälber auf ihrer umzäunten Weide herumzujagen, wurde die Familie D auf sie aufmerksam.

Der Jungbauer begab sich sofort nach Hause und sah dort die Bescherung. Er versuchte in der Folge, die beiden Hunde einzufangen – ohne Erfolg. Stattdessen rannten diese auf die Heubühne und setzten dort ihre Hühnertötung fort. Der Jungbauer, welcher um den gesamten Restbestand der Leghennen fürchtete, wusste sich nach den erfolglosen Fang-Versuchen nicht mehr »friedlich« zu helfen. Er holte also Vaters Jagdflinte und erschoss einen der beiden Hunde.

Das Nachspiel liess nicht lange auf sich warten: Während die Versicherung des Jägers dem Bauer den Hühnerschaden anstandslos ersetzte, weigerte sich die Versicherung des Bauern, für den getöteten Hund aufzukommen. Eine entsprechende Schuldpflicht der Familie D bestehe nicht – also brauche sie (die Versicherung) auch nicht zu zahlen. Ist diese Auffassung haltbar?

Während die einzelnen Aspekte eines »Selbsthilferechts« im Laufe des Kapitels genauer umschrieben werden, geht es an dieser Stelle nur darum, anhand dieses einleitend geschilderten Falles einen Einblick in die zu berücksichtigenden Fragen zu verschaffen. Vorab dürfte unter Verweis auf die vorstehenden Kapitel ohne weiteres klar sein, weshalb die Versicherung des Jägers den Hühnerschaden anstandslos ersetzte. Dies geschah deshalb, weil Jäger E zweifellos ausserstande war, den Entlastungsbeweis zu erbringen. Er war also nicht in der Lage, nachzuweisen, dass er die «nach den Umständen erforderliche Sorgfalt in der Verwahrung und Beaufsichtigung« seiner Hunde aufgebracht hatte. Denn auch Jagdhunde müssen so unter Kontrolle gehalten werden, dass sie zwar ihre Jagdaufgaben erfüllen, aber keinesfalls wildern können. Sicherlich mag es gerade für einen Jäger hier gelegentlich schwer sein, den Vorschriften Genüge zu tun – trotzdem gehört entsprechendes Verhalten zur Sorgfaltspflicht des Tierhalters. Verstösst er dagegen, hat er für die durch seine Tiere angerichteten Schäden einzustehen – sei es nun mit eigenem Portemonnaie oder durch eine entsprechende Versicherung.

Bei der Bauernfamilie D verhält es sich nun hinsichtlich der Frage der Rechtmässigkeit der Hundetötung folgendermassen: Anwendbar und zu beachten sind in jedem Falle die Grundsätze der Subsidiarität und der Proportionalität. Subsidiarität will hier in etwa heissen, dass man zu einer so schwerwiegenden Handlung wie der Tötung eines eingedrungenen Tieres stets nur dann befugt ist, wenn sich der Schaden, welchen der Eindringling gerade verursacht, nicht mit einer weniger »harten« Massnahme abwenden lässt. Eine solche weniger harte Massnahme wäre sicherlich das Einfangen der fehlbaren Hunde gewesen. Dies hat der Jungbauer ja auch versucht – aber erfolglos. Zur Erschiessung des einen Tieres wurde also in unserem Fall nicht einfach willkürlich gegriffen; der Grundsatz der Subsidiarität blieb gewahrt.

Gleich verhält es sich mit dem Grundsatz der Proportionalität. Wie bereits aus vorangegangenen Kapiteln bekannt, besagt dieser, dass man zur Schadensabwehr kein Mittel verwenden soll, dass in keinem oder nur in einem unangemessenen Verhältnis zum angestrebten Erfolg (hier der Abwendung weiteren Schadens) steht. Vorliegend ging es darum, den nicht unerheblichen verbleibenden Leghennen-Bestand vor dem sicheren Tod zu bewahren. Es galt also, einen alles andere als geringen »weiteren Schaden« abzuwehren. Aus diesem Grund entsprach das schlussendlich gewählte Mittel – die Tötung des einen Eindringlings – dem Grundsatz der Proportionalität.

Mit der Subsidiarität und der Proportionalität allein ist es aber nicht getan. Selbst wenn man sich nach den entsprechenden Grundsätzen richtet, darf man ein schadenstiftendes Tier keineswegs immer töten. Zulässig ist die »Selbsthilfe« nur dann, wenn es auch wirklich darum geht, durch diese Massnahme weiteren Schaden abzuwenden. Es muss also mit anderen Worten auch wirklich »weiterer Schaden« bevorstehen. Dies hat zur Folge, dass ein fehlbarer Eindringling dann niemals getötet werden darf, wenn zwar bereits ein Schaden eingetreten ist, aber kein weiterer droht.

Durch die einzelnen geschilderten Grundsätze werden Eckpfeiler des hier massgebenden »Notstandsrechts« abgesteckt. Im Hinblick auf eine erlaubte Tötung des Schädigers bedeutet dies – was die Voraussetzungen angeht – zusammengefasst einmal folgendes:

1. Der Eindringling hat bereits Schaden gestiftet;

2. er wird ohne Abwehrmassnahmen weiteren Schaden stiften;

3. dieser weitere Schaden ist nicht mit einer milderen Handlung als der Tötung des fehlbaren Tieres abzuwehren, und

4. diese Tötung stellt kein unverhältnismässiges Mittel auf dem Weg zum »Erfolg« – der Abwendung des weiteren Schadens – dar.

Sind – wie beim Bauern D – all diese Kriterien erfüllt, ist eine Notstandssituation gegeben, welche die Tötung des Schädigers zu einer erlaubten Handlung macht. Für eine erlaubte Handlung ist hier kein Schadenersatz geschuldet. Mit anderen Worten: Die Versicherung hat mit ihrem Standpunkt recht. Sie braucht nicht für den getöteten Hund aufzukommen – genausowenig wie die Familie D selbst.

Allerdings – die Frage der Ersatzpflicht hängt entgegen weitverbreiteter Meinung keinesfalls nur an den obgenannten Kriterien. Ausschlaggebend für die Tatsache, dass die Familie D von vornherein nicht zur Kasse gebeten werden konnte, war nämlich nicht das in Art. 52 OR verankerte »allgemeine Notstandsrecht«, sondern der zusätzliche Faktor des Handelns auf eigenem Grund und Boden. Der Jungbauer erschoss den Jagdhund ja bekanntlich nicht irgendwo, sondern innerhalb der Grenzen des Familienbesitzes auf der Heubühne. Aus diesem Grunde kommt bei der Beurteilung statt Art. 52 Art. 57 OR zur Anwendung, welcher hinsichtlich der Ersatzfrage zusätzlich zu den genannten Kriterien an den Grundstückbesitz als solchen anknüpft. Nur wer als Grundstückbesitzer in der genannten Art und Weise handelt, ist sozusagen selbstverständlich von jeder Ersatzpflicht entbunden. Unter dem Blickwinkel des »allgemeinen Notstandsrechts« von Art. 52 OR sieht das Ganze unter Umständen anders aus. Dort ist die Frage des trotz der Rechtmässigkeit unter Umständen dennoch geschuldeten Schadenersatzes nämlich vom Richter »nach Ermessen« zu entscheiden. Was damit im einzelnen gemeint ist, werden wir in diesem Kapitel ebenfalls behandeln – vorerst soll einmal die Frage geklärt werden, was es mit dem Art. 57 OR – also mit dem Aspekt des Grundbesitzes – endgültig auf sich hat. Diese Sicht der Dinge darf keinesfalls untergehen, weil gerade in der Schweiz ein Gedanke vielerorts verankert ist. Er lässt sich etwa unter dem Motto »mein Haus ist meine Festung« zusammenfassen. Mit anderen Worten: Recht oft wird man mit der Auffassung konfrontiert, auf seinem eigenen Grund und Boden sei der Einzelne »König« – dort könne er in jeder Hinsicht tun und lassen, was er wolle. Dass diese Theorie bei weitem nicht in allen Punkten haltbar ist, hat sich schon aus dem ersten Kapitel dieses Buches ergeben. Dort ging es vor allem um Fragen des Nachbarrechts – hier ist das Problem ein anderes. Wo es liegt, wird das folgende Beispiel erleuchten – gleichzeitig wird dadurch auch geklärt, was es hinsichtlich der Entschädigungsfrage mit dem vorne genannten »Grundbesitz« auf sich hat. In diesem Sinne hat sich folgendes ereignet:

S ist Eigentümer eines etwas ausserhalb des Dorfkerns gelegenen Grundstücks. Mit der Zeit hat er sich darauf ein Wohnhaus errichtet und zu guter Letzt auch noch etliche Kaninchenställe aufgebaut. Die Kaninchen – welche sich zu seinem Hobby entwickelt haben – befinden sich tagsüber in einem Freigehege.

Eines Nachmittags dringt ein Hund in das Anwesen ein, gräbt sich unter dem Kaninchengitter durch und tötet nach und nach sämtliche Kaninchen. Zu spät kommt S nach Hause – er kommt gerade recht, um sein letztes Kaninchen sterben zu sehen. S kocht vor Wut und holt seine Flinte. Es gelingt ihm, den fremden Hund noch zu erwischen, bevor er das Gehege wieder verlassen hat. S nutzt diese Gelegenheit und erschiesst das Tier. In der Folge beruft er sich darauf, er habe dies auch tun dürfen. Es gebe einen Gesetzesartikel, welcher es ihm erlaubt, auf sein Grundstück eingedrungene Tiere zu töten, wenn sie dort Schaden angerichtet hätten. Ist S im Recht?

S bezieht sich mit seinem Hinweis auf das Gesetz auf den eingangs gestreiften Art. 57 des Obligationenrechtes. Dort steht u. a. geschrieben, dass ein Grundstückbesitzer berechtigt sei, Dritten angehörige Tiere zur Sicherung seiner Ersatzforderung einzufangen, in seinen Gewahrsam zu nehmen und – wo es durch die Umstände gerechtfertigt sei – sogar zu töten, vorausgesetzt, diese Tiere hätten auf dem Grundstück Schaden angerichtet.

Aus diesem Gesetzestext selbst ergibt sich bereits einiges. Zum einen steht schon aus dem Wortlaut fest, dass sich die Gesetzesnorm ausschliesslich auf den Grundstücksbesitzer – natürlich samt seinen Hilfspersonen – bezieht. Dritte, die auf dem fraglichen Grundstück einen Schaden erleiden, fallen nicht darunter. Wer also beispielsweise auf fremdem Grund und Boden von einem Hund angegriffen wird und diesen bei der Auseinandersetzung tötet, kann sich nicht auf Art. 57 OR berufen. Er befindet sich aber auch nicht etwa in einem »rechtsleeren« Raum; ihm steht stattdessen die bereits erwähnte und in Art. 52 OR verankerte »allgemeine Abwehrberechtigung« (Notwehr, Notstand, Selbsthilfe) zu. Darauf werden wir indessen später noch eingehender zu sprechen kommen.

Zurück zum oben dargestellten Art. 57 OR: Feststeht ebenfalls bereits aus dem Gesetzestext selber, dass dieser Artikel nur zur Anwendung kommt, wenn das eingedrungene Tier auch wirklich einen Schaden verursacht. Ferner muss es sich beim Eindringling um das Tier eines Dritten handeln – es muss also jemandem »gehören«. Inwieweit nämlich freilebende Tiere getötet oder auch nur verletzt (bzw. eingefangen) werden dürfen, ist ausschliesslich eine Frage des öffentlichen Rechts (Jagdgesetzgebung usw.).

Zu guter Letzt ergibt sich aus dem Text von Art. 57 OR auch noch, dass sich die Schädigung auf dem Grundstück selbst – also ausdrücklich innerhalb der entsprechenden Grenzen – abspielen muss. Hier kann der Grundstückbesitzer auch dann eingreifen, wenn das Tier nicht ihn, sondern einen Dritten schädigt – aber auch nur ganz wenig ausserhalb der Grundstücksgrenzen kommt Art. 57 OR nicht mehr zum Zuge.

Abgesehen von diesen sich aus dem Gesetzeswortlaut selbst ergebenden Anmerkungen wurde bereits anhand des vorangestellten Beispieles festgehalten, dass die Tötung eines Eindringlings ohnehin immer nur dann in Frage kommt, wenn die entsprechende Schädigung noch im Gange ist und weiterer Schaden so – und nur so – abgewendet werden kann. Solch »weiterer Schaden« bzw. das zu schützende Rechtsgut muss ferner in einem angemessenen Verhältnis zu dem stehen, was man zur Rettung zerstören muss (beispielsweise ist es – extrem ausgedrückt – sicher nicht angemessen, einen Menschen zu töten, um einen Hund zu retten). Aus diesen unter den Stichworten »Subsidiarität« und »Proportionalität« bekannten Grundsätzen ergibt sich, dass immer die Umstände des Einzelfalles massgebend sind. Je nach dem muss von einer Tötung des Eindringlings abgesehen werden – gegebenenfalls ist sogar ganz auf eine »Massnahme« zu verzichten.

Ist – wie in unserem Fall, wo alle Kaninchen bereits tot sind – die Schädigung abgeschlossen, so geht es ohnehin nur noch um die Sicherung der (sicherlich bestehenden) Schadenersatzforderung. Die Tötung eines Schadensstifters wäre in einem solchen Falle – und auch dann nur unter Umständen – ausschliesslich dann erlaubt, wenn sein »Fleischwert« weit höher wäre als sein »Lebendwert«. Bei einem Hund ist dies von vornherein auszuschliessen. Ein Hund wäre deshalb lediglich einzufangen oder – sofern dies nicht gelingt – eben laufen zu lassen. »Rache« kann niemals ein Beweggrund sein, welcher eine Tiertötung zur erlaubten Handlung macht. S war deshalb bei seinem Vorgehen nicht im mindesten im Recht und ist nunmehr im Hinblick auf den getöteten Hund ersatzpflichtig. Und anders herum ausgedrückt: Der Jungbauer D aus unserem ersten Beispiel handelte ebenfalls auf eigenem Grund und Boden, aber gleichzeitig unter Nachachtung aller vorne geschilderten Grundsätze. Beides zusammen erfüllt die Voraussetzungen von Art. 57 OR – eine Ersatzpflicht von D ist dementsprechend wie bereits erwähnt ausgeschlossen.

Anhand dieser beiden Beispiele haben wir nun gesehen, dass die Tötung eines Tieres auf jeden Fall dann nicht mit einer Ersatzpflicht verbunden ist, wenn sie im Sinne der geschilderten Voraussetzungen »rechtmässig« geschah und sich gleichzeitig auf eigenem Grund und Boden abspielte. Damit kommen wir notgedrungen zur Frage, wie denn nun zu entscheiden wäre, wenn die Handlungsweise selbst zwar korrekt war, das Ereignis sich aber nicht innerhalb des Grundbesitzes abspielte. So wäre es ja beispielsweise durchaus denkbar gewesen, dass die Hennen der Familie D sich mangels Umzäunung unbemerkt aus dem Hof entfernt und auf ein angrenzendes Nachbar-Grundstück begeben hätten. Zur Hühnerjagd – und mutmasslich auch zur Erschiessung des einen Hundes – wäre es dann ausserhalb des Besitzes D gekommen. Art. 57 OR käme damit notgedrungen – in Ermangelung des Kriteriums »auf eigenem Grund und Boden« – nicht zur Anwendung. Was hätte das für Konsequenzen?

Ganz kurz erwähnt wurde bereits, dass ein solcher Fall gestützt auf Art. 52 OR zu beurteilen wäre. Dort wird in Abs. 2 u. a. festgehalten, dass nach Ermessen des Richters Schadenersatz zu leisten ist, wenn jemand in fremdes Vermögen eingreift, um drohenden Schaden abzuwenden.

Es ist nun klar, dass die Frage des »drohenden Schadens« genau gleich zu betrachten ist, wie dies im Zusammenhang mit der Behandlung von Art. 57 OR geschah. Schliesslich kann es diesbezüglich unmöglich von Bedeutung sein, ob sich das Ganze nun auf eigenem oder fremdem Boden abspiele. Ebensowenig kann die Frage des Schadensortes einen Einfluss auf die geschilderten Grundsätze der Subsidiarität und der Proportionalität haben; auch hier bleibt sich also alles gleich. Mit anderen Worten: Der Jungbauer hätte auch nach Art. 52 OR rechtmässig gehandelt, wenn er – bei derselben Sachlage – den einen Jagdhund auf fremdem Boden erschossen hätte.

Aber: Auf fremdem Boden bedeutet Rechtmässigkeit nicht notgedrungen gleichzeitig auch Befreiung von Schadenersatzansprüchen. Nach dem Wortlaut des Gesetzes hat der Richter stattdessen über solche »nach Ermessen« zu entscheiden. «Nach Ermessen« will dabei nicht nur heissen, dass er die Höhe des Schadenersatzes nach seinem Gutdünken festzulegen hat – er kann einen Entschädigungsanspruch auch völlig verneinen, sofern die Umstände dies rechtfertigen.

Wir müssen nun also prüfen, ob im Fall des Jungbauern D auf fremdem Boden ein solcher »entschädigungsausschliessender Umstand« vorliegen würde. Dies ist zu bejahen. Es hat sich nämlich in der Praxis die Regel herausgebildet, dass es dem Besitzer oder Eigentümer »gefahrsetzender« Sachen (meist) zuzumuten ist, den Schaden, der bei Abwendung der Gefahr entsteht, selber zu tragen. Dieser Grundsatz muss hier umso mehr zur Anwendung kommen, weil der Jäger E aufgrund gesetzlicher Verpflichtung – als Tierhalter – dafür hätte sorgen müssen, dass überhaupt keine »Gefahr« entstanden wäre. Wenn also jemandem ohne weiteres zuzumuten ist, entschädigungslos auszugehen, dann E. Ein Richter würde deshalb hier mutmasslich im Rahmen seines Ermessens keinerlei Ersatz für den toten Hund zusprechen.

Dieses Ergebnis soll nun allerdings nicht dazu führen, den nichtsdestotrotz bestehenden grundsätzlichen Unterschied zwischen den Artikeln 52 und 57 OR zu verdrängen. Es sei deshalb zusammenfassend nochmals ausdrücklich festgehalten: Wo man auf fremdem Boden handelt, führt eine Notstandslage zwar zur Rechtmässigkeit der Tat, aber nicht notgedrungen zum Ausschluss von Ersatzansprüchen. Die Beurteilung der Entschädigungsfrage liegt im Ermessen des Richters – man kann also unter Umständen durchaus verpflichtet werden, Ersatz zu leisten. Nur wenn zusätzlich noch das geschilderte Kriterium »Handeln auf eigenem Grund und Boden« erfüllt ist, bedeutet Rechtmässigkeit gleichzeitig auch den Ausschluss von Ersatzforderungen.

Besonderer Teil:

Oft gestellte Einzelfragen

I. Die unerwünschte Trächtigkeit einer Hündin

Wer mit seiner Hündin züchten will, wird sich sicherlich darüber freuen, wenn der organisierte Deckakt klappt und nachher ein gesunder Wurf das Licht der Welt erblickt. Aber bei weitem nicht jeder Deckakt ist eingeplant und angestrebt – »Unerwünschtes« ist hier alles andere als selten. Eine unerfreuliche Überraschung erlebte beispielsweise auch Herr A, welcher seit langem Dalmatiner züchtet:

Nachdem A's Zuchthündin kurz vorher erkrankt war, wollte er bei der nunmehr eintretenden Läufigkeit einen Wurf auslassen. Er liess seine Hündin also nicht decken und achtete auch genau darauf, dass der Deckakt sich nicht etwa »aus Versehen« ereignen konnte. Seinen Garten hatte er dementsprechend abgesichert: zusätzlich zu einem hohen Gartenzaun hatte er auf dem Rasen einen 150 cm hohen Zwinger aufgestellt. Darin befand sich seine Hündin auch, als eines Tages der wieder einmal ohne Aufsicht durch die Gegend streifende Rüde des Nachbarn O auftauchte, den Gartenzaun »untergrub«, das Zwingergitter überkletterte und die Hündin deckte. A konnte dies nicht mehr verhindern; er wollte allerdings schon mit Rücksicht auf den Gesundheitszustand seiner Hündin unerwünschter Trächtigkeit vorbeugen. Er zog deshalb umgehend den Tierarzt zu, welcher die entsprechende Spritze verabreichte.

In der Folge kam es zu einer äusserst unglücklichen Verkettung medizinischer Umstände, an deren Ende die Hündin – an sich völlig unvorhergesehen – starb. Es entbrannte nun Streit über die Frage, ob und in welchem Umfang O schadenersatzpflichtig werde. O stellte sich dabei auf den Standpunkt, er habe höchstens die Tierarztrechnung zu ersetzen – für den Tod der Hündin habe er nicht aufzukommen. Demgegenüber verlangte A vollen Schadenersatz – dies auch für die ihm auf diese Weise entgangenen zukünftigen Würfe. Wie ist in einem solchen Fall zu entscheiden?

Grundsätzlich ist festzustellen, dass das ganze Vorkommnis zu vermeiden gewesen wäre, wenn O seinen Rüden mit der gebotenen Sorgfalt betreut hätte. Anhand der konkreten Umstände ist nämlich sicher, dass der Rüde selbst dann von seinem Vorhaben abzuhalten gewesen wäre, wenn er vorerst einmal unangeleint gewesen wäre – vorausgesetzt, er hätte sich »in Begleitung« auf dem fraglichen Spaziergang befunden. Die Berichte der Nachbarn ergaben nämlich, dass er etliche »Wühlzeit« gebraucht hat, um nur schon den Gartenzaun erfolgreich zu überwinden. Eine Aufsichtsperson hätte ihn also mit anderen Worten ohne weiteres noch rechtzeitig »erwischen« können. O hat mithin durch die Tatsache, dass er seinen Rüden auch an diesem Tage unbeaufsichtigt durch die Gegend streifen liess, seine Sorgfaltspflicht verletzt – der für die Tierhalterhaftung massgebende (im entsprechenden Kapitel behandelte) Entlastungsbeweis wird ihm nicht gelingen. O hat dementsprechend grundsätzlich für das einzustehen, was sein Rüde angerichtet hat.

Offen bleibt die Fage nach dem Umfang der Haftung. Auch hier ist hinsichtlich der grundsätzlichen Überlegungen auf das entsprechende Kapitel zu verweisen und es kann zusammenfassend festgehalten werden, dass O den Schaden nur insoweit zu decken hat, als zwischen der Ursache – dem Tun seines Rüden – und dem »Resultat« ein adäquater Kausalzusammenhang besteht. Wie wir gesehen haben, liegt ein solcher immer dann vor, wenn nach dem natürlichen Lauf der Dinge und nach der allgemeinen Lebenserfahrung die betreffende Ursache geeignet war, den eingetretenen Schaden zu bewirken.

Vorliegend ist nun klar, dass der Deckakt als solcher geeignet war, »Gegenmassnahmen« gegen eine allfällige Trächtigkeit zu indizieren. Für die der Hündin verabreichte Spritze hat O also zweifellos aufzukommen. Wie aber verhält es sich mit dem Tod der Hündin und den entsprechenden Folgen (entgangener Gewinn aus zukünftigen Würfen usw.)?

Die Beantwortung dieser Frage hängt weitgehend von medizinischen Faktoren ab. Wenn eine gewisse Wahrscheinlichkeit bestünde, dass Hündinnen nach einer »Anti-Trächtigkeits-Spritze« sterben können, müsste der hier erfolgte Tod als im Rahmen der adäquaten Kausalität betrachtet werden. O hätte dann entsprechend geradezustehen. Aber: Solche Todesfälle treten absolut nicht »mit gewisser Wahrscheinlichkeit« auf. Sie sind gegenteils sogar äusserst selten. Die Hündin von A starb nicht zuletzt deshalb, weil sich ihr bereits vorbestehendes gesundheitliches Handicap sehr ungünstig auswirkte. Hinzu kamen etliche medizinisch in keiner Weise voraussehbare und auch nicht durch die verabfolgte Spritze bedingte Komplikationen. Die Spritze als »Ursache« war also mit anderen Worten »nach dem natürlichen Lauf der Dinge und nach der allgemeinen Lebenserfahrung« nicht geeignet, den eingetretenen Schaden (den Tod der Hündin) zu bewirken. Der adäquate Kausalzusammenhang zwischen Deckakt und Hundetod ist dementsprechend hier zu verneinen. Dies hat zur Folge, dass sich die Ersatzpflicht von O nicht auf diesen Teil des Schadens erstreckt. Er wird nur für die Rechnung des Tierarztes betreffend die »Anti-Trächtigkeits-Spritze« aufzukommen haben – im übrigen ist A im Unrecht.

Der eine oder andere mag nun gegen dieses Ergebnis vorbringen, nicht einmal die Spritze als solche stelle eine Auslage dar, welche O zu ersetzen habe. Es habe A ja niemand vorgeschrieben, die allfällig entstandenen Welpen »abtreiben« zu lassen. Hätte er darauf verzichtet, hätte er sich auch die Tierarztrechnung sparen können – ein Schaden wäre ihm also mit anderen Worten erspart geblieben. Diese Betrachtungsweise ist zwar durchaus verständlich; sie führt aber zu keinem konstruktiven Ergebnis. Zum einen muss nämlich der Entscheid, ob die eigene Hündin Nachwuchs haben solle oder nicht, jedem Tierhalter freigestellt bleiben. Und zum andern stellen – wie das nachfolgende Beispiel zeigen wird – auch »unerwünschte Welpen« durchaus einen Schaden im haftpflichtrechtlichen Sinne dar. Als Basis für die Betrachtung dieses Problems mag folgendes Ereignis dienen:

Weil die Hündin der Familie F läufig war, beschränkte sich Frau F hinsichtlich ihrer täglichen Spaziergänge auf ihr Wohnquartier; die Hundewiese mied sie. Eines Tages begegnete sie – ihre Hündin war angeleint – dem Polizisten R, welcher unangeleint aber bei Fuss seinen bestausgebildeten Polizeihund bei sich hatte. Als Frau F R sah, rief sie ihm zu, er solle seinen Hund an die Leine nehmen; ihre Hündin sei läufig. Aber es war bereits zu spät. R's sonst absolut zuverlässiger Hund hatte die Situation bereits begriffen und sich selbständig gemacht. Auf die unverzüglich erfolgenden Kommandi reagierte er nicht mehr – es kam zur Deckung der Hündin, bevor R seinen Rüden zurückreissen konnte.

In der Folge stellten sich sieben Welpen ein. Der Tierarzt riet dringend, der Hündin mindestens zwei Welpen zu belassen und die Familie F richtete sich nach diesem Rat. Allerdings fühlte sich sich geschädigt, weil sie – zu Recht – annahm, der zu erwartende Erlös aus einem späteren Verkauf der zwei kleinen Bastarde werde wesentlich tiefer sein als deren Aufzuchtskosten. Sie verlangte nun von R, für die Tierarztrechnung sowie die Aufzucht der beiden Welpen (bzw. die Differenz zum späteren Verkaufserlös) aufzukommen. R stellte sich demgegenüber auf den Standpunkt, rechtlich bestehe überhaupt kein Anspruch der Familie F. Er bezahle – und zwar völlig freiwillig bzw. ohne Rechtspflicht – die Tierarztkosten; damit habe er dann der allenfalls bestehenden »moralischen« Verpflichtung Genüge getan. Nachdem er rechtlich aber nicht einmal hierfür aufkommen müsste, kämen weitere Zahlungen für ihn überhaupt nicht in Frage. Familie F müsse dort in die eigene Tasche greifen. Ist diese Auffassung haltbar?

Vorab gilt es zu kären, ob überhaupt ein Schaden in haftpflichtrechtlichem Sinne vorhanden ist. Wie im entsprechenden Kapitel beschrieben, ist diesbezüglich als Ausgangspunkt die Situation zu nehmen, welche ohne das betreffende Ereignis (hier den Deckakt) vorhanden wäre. Diese Situation ist mit der Lage zu vergleichen, welche zufolge des fraglichen Ereignisses nunmehr herrscht. Hat sich eine negative Vermögensverschiebung ergeben, ist ein Schaden da – wobei unter »Vermögen« die Gesamtheit aller Güter zu verstehen ist.

Vorliegend dürfte klar sein, dass die Tierarztkosten zweifellos einen solchen Schaden darstellen. Wäre die Hündin nicht gedeckt worden, hätte es – zumindest diesbezüglich – keinen Tierarzt gebraucht. Die Familie F wäre also mit anderen Worten um den Betrag der entsprechenden Rechnung »reicher«, weil sie sich diese Ausgabe hätte sparen können. Wie aber verhält es sich mit den Welpen?

Zufolge ihrer Geburt stellen die Welpen – isoliert betrachtet – einen Vermögenszuwachs dar. Es wäre also kein Schaden gegeben. Aber: Das Vorhandensein der beiden Hundekinder kann nicht als solch isoliertes Ereignis betrachtet werden. Die Folgekosten – also die Auslagen für die Aufzucht – gehören untrennbar ebenfalls dazu. Trotzdem wäre kein Schaden gegeben, wenn sich die Aufzuchtskosten (und allenfalls auch eine »Entschädigung« für die damit verbundene Arbeit) durch den späteren Verkaufserlös decken liessen. Gerade dies ist aber hier sicher nicht der Fall – zwei kleine Bastarde lassen sich niemals zu einem ähnlichen Preis verkaufen wie Welpen mit Stammbaum. Aus diesem Grund wird zwischen Aufwand und Erlös eine »negative Differenz« bleiben, welche wie die Tierarztkosten als Schaden zu veranschlagen ist.

Dies will nun aber noch nicht unbedingt bedeuten, dass R für diesen Schaden auch aufzukommen habe. Er muss dies dann nicht, wenn er sich hinsichtlich der Aufsicht über seinen Rüden genügend sorgfältig verhielt – wenn ihm also der im entsprechenden Kapitel behandelte »Entlastungsbeweis« gelingen würde. Vorliegend sieht die Situation im Sinne der heutigen Rechtsprechung so aus: Wer einen jungen bzw. noch nicht (voll) ausgebildeten Hund mit dementsprechend noch mangelndem Gehorsam spazierenführt, der hat ein erhöhtes Mass an Sorgfalt aufzuwenden. Er muss das Tier – je nach den Umständen sogar ständig – an der Leine führen. Ist ein Hund aber ausgebildet, hinsichtlich seines Gehorsams zuverlässig und auch mit der betreffenden Begleitperson vertraut, so wäre es unangemessen, zu verlangen, dass er nur angeleint ausgeführt wird. Ein gewisser Freiraum muss Mensch und Tier hier zugestanden werden.

Beim Hund von R handelte es sich nun genau um einen solch zuverlässigen Hund. Er hatte als Polizeihund mit Erfolg eine umfassende Ausbildung durchlaufen – überdies war er am fraglichen Tage nicht mit einem Fremden, sondern mit »seinem« Hundeführer unterwegs. Unter diesen Umständen stand es R durchaus frei, sein Tier abgeleint mit sich zu führen. Dass es zu einer Ausnahmesituation – dem Zusammentreffen mit einer läufigen Hündin – kommen würde, konnte er nicht voraussehen. Genausowenig musste er davon ausgehen, dass ihm sein Hund trotz derart kurzer »Einwirkungs-Distanz« in dieser Ausnahmesituation nicht mehr gehorchen würde. Der Vorfall als solcher kann ihm somit nicht als »Verschulden« bzw. mangelnde Sorgfalt angerechnet werden. Denn wenn man stets mit jeden noch so weit entfernt liegenden Ausnahmemöglichkeiten rechnen müsste, könnte man überhaupt keinen Hund mehr von der Leine lassen.

Item: R war zwar dementsprechend nicht verpflichtet, seinen Hund ausschliesslich angeleint mit sich zu nehmen. Er musste aber – unter den »neuen« Umständen – alles Zumutbare unternehmen, um einen Schaden zu vermeiden bzw. den Deckakt zu verhindern. Dies hat er getan, indem er sofort versuchte, seinen Rüden zur Ordnung zu rufen und gleichzeitig sein Möglichstes tat, den Hund rechtzeitig zurückzureissen. Dass ihm dies wegen der unglücklichen Umstände (sofortige Deckung) nicht gelang, ist ihm ebenfalls nicht als »Verschulden« anzulasten. Der für eine Haftungsbefreiung erforderliche Entlastungsbeweis würde ihm somit vollumfänglich gelingen. Dementsprechend wird es bei der unter diesen Umständen wirklich absolut freiwillig bezahlten Tierarztrechnung sein Bewenden haben – der Rest des Schadens wird an der Familie F hängenbleiben.

Welche für den einzelnen Tierhalter wesentlichen Erkenntnisse ergeben sich nun aus dieser Palette rechtlicher Aspekte? Wichtig ist zum einen, dass man sich ein weiteres Mal vor Augen hält, dass die Tierhaltereigenschaft als solche nicht schon zwingend bedeutet, dass man einen durch den eigenen Hund angerichteten Schaden ersetzen muss. Immer, wenn man hieb- und stichfest zu beweisen vermag, dass man in der Beaufsichtigung des Tieres die nach den konkreten Umständen geforderte Sorgfalt walten liess, wird der erforderliche Entlastungsbeweis gelingen – eine Schadenersatzpflicht entfällt.

Gerade im Umgang mit läufigen Hündinnen kommt nun aber ein ganz wesentliches weiteres Argument hinzu. Es ist nämlich keineswegs nur der Halter des Rüden, welcher hier sorgfältig handeln muss. Die Sorgfaltspflicht trifft vielmehr in gesteigerter Form den Halter der Hündin – denn an sich weiss er als einziger mit Sicherheit, dass das Tier gerade läufig ist. Es liegt also grundsätzlich einmal an ihm, die erforderlichen Vorkehrungen zu treffen, um sicherzustellen, dass es zu keiner unerwünschten Deckung bzw. Trächtigkeit kommen kann. Wer beispielsweise eine läufige Hündin ohne jede Aufsicht in einem Garten herumtollen lässt, welcher nur durch eine niedrigen Gartenzaun oder womöglich überhaupt nicht abgegrenzt ist, der beschwört das Unerwünschte geradezu herauf. Denn wie wir gesehen haben, ist kein Hundehalter verpflichtet, seinen zuverlässigen Hund pausenlos nur angeleint mit sich herumzuführen. Eine kleine Hecke oder etwas ähnliches ist nun aber auch für einen kleineren oder mittelgrossen Rüden mit einem einzigen Sprung zu überwinden. Eine Begleitperson wird – wenn sie nicht gerade zufällig um die Läufigkeit der entsprechend domizilierten Hündin und damit um die erhöhte »Gefahr« weiss – selten rasch genug reagieren können.

Wer also mit seiner läufigen Hündin auf diese oder andere Weise selbst ausserordentlich »fahrlässig« umgeht, der wird sich – wenn es zu einer unerwünschten Deckung kommt – sein Verhalten zumindest als nicht unerhebliches Mit- bzw. Selbstverschulden anrechnen lassen müssen. Schadenersatzansprüche an den Halter des Rüden kommen dann – wenn überhaupt – nur noch in sehr reduziertem Masse zum Tragen. Und abschliessend: Gerade auf diesem Gebiet dürfte sich das meiste »Unheil« von vornherein vermeiden lassen, wenn die Halter von Hündinnen während der »Läufigkeits-Phase« weitsichtig denken und umsichtig planen.

II. »Zuchtvereinbarungen«

Es kommt nicht allzu selten vor, dass Züchter Jungtiere ihrer Würfe verkaufen und sich gleichzeitig mit dem neuen Eigentümer darüber einigen, dass sie gegebenenfalls später zur Weiterzucht auf die verkauften Tiere zurückgreifen können. So behalten sich manche Züchter beispielsweise das Recht vor, erfolgreiche Jungrüden später als Deckrüden verwenden zu dürfen. Auch der umgekehrte Fall kommt vor und führt leider ebenfalls des öfteren zu Streitigkeiten zwischen den entsprechenden Parteien. So ereignete sich beispielsweise im vergangenen Jahr folgendes:

Frau N, Züchterin einer Jagdhunderasse, verkaufte eine ihrer Junghündinnen an die Familie M. Gleichzeitig behielt sie sich in einer schriftlichen Vereinbarung das Recht vor, mit der verkauften Hündin nochmals mindestens einen Wurf zu züchten. Ferner wurde in diesem Vertrag festgehalten, die Auswahl des Deckrüden werde gemeinsam erfolgen. Die Welpen seien in der Folge die ersten sechs Wochen von den Käufern der Hündin und anschliessend von der Züchterin zu betreuen. Für sämtliche im Zusammenhang mit dem Wurf anfallenden Kosten habe die Züchterin aufzukommen.

Gestützt auf diese (schriftliche) Vereinbarung überliessen die Käufer der Züchterin abspachegemäss ihre Hündin – die Geburt und Aufzucht der Welpen brachte keine Schwierigkeiten mit sich. Sie konnten auch allesamt an zufriedenstellende Plätze verkauft werden – und nun begann der Streit. Während sich die Züchterin auf den Standpunkt stellte, sie habe absprachegemäss sämtliche Unkosten getragen, nun stehe ihr auch die Hälfte des Erlöses aus dem Welpenverkauf zu, sah dies die Familie M ganz anders. Sie führte an, schriftlich sei bezüglich des Verkaufserlöses nichts vereinbart worden – dieser gehöre selbstverständlich vollumfänglich ihr als Eigentümerin des Muttertieres. Teilen mit Frau N komme überhaupt nicht in Frage – diese habe sich durch die »Zuchtvereinbarung« ausschliesslich das Recht erworben, den Wurf unter ihrem Namen eintragen zu lassen. Wer hat nun hier recht?

Fest steht, dass die zwischen den Parteien abgeschlossene Vereinbarung zwar den schönen Titel »Zuchtvertrag« trägt, aber mitnichten alle Punkte regelt, welche im Rahmen einer solchen Rechtsbeziehung notwendigerweise irgendwie geregelt werden müssen. So ist insbesondere klar, dass man sich dann am schnellsten in die Haare gerät, wenn es in irgendeiner Weise um Geldfragen geht. Daran haben die Parteien hier offenbar zumindest teilweise auch gedacht und aus diesem Grunde schriftlich festgehalten, wer von beiden für die nicht unerheblichen »Wurfkosten« aufzukommen habe. Die Sache mit der Aufteilung des Welpenerlöses stand offensichtlich gar nicht zur Diskussion; sonst hätte man sie – nachdem man schon einmal zur Feder griff – vermutlich ebenfalls geregelt. Insoweit tritt also die Argumentation der Familie M zu – der Vertrag enthält diesbezüglich nicht einmal einen Anhaltspunkt.

Das will nun aber noch lange nicht heissen, dass deshalb die Familie M einfach alles und Frau N nichts erhielte. Eine solche Lösung wäre schon allein deshalb ausserordentlich stossend, weil Frau N für die ganzen – und bekanntlich keineswegs geringen – Wurfkosten aufzukommen hatte. Nichtsdestotrotz können solch »moralische Betrachtungen« selbstverständlich nicht den Ausschlag geben – wer was bekommt, hängt ausschliesslich von der Rechtslage ab. Deren Beurteilung erfordert aber, dass wir uns zuerst einmal vor Augen führen, welcher Art die Rechtsbeziehung zwischen den beiden streitenden Parteien überhaupt ist.

Auszugehen ist von der Tatsache, dass M und N sich hier zusammentaten, um ein gemeinsam festgelegtes »Ziel« – nämlich die Geburt und Aufzucht mindestens eines Jagdhunde-Wurfes – zu realisieren. Beide Parteien steuerten hierzu etwas bei: Die Familie M stellte die Mutterhündin zur Verfügung und betreute in der Folge die Welpen während ihrer ersten sechs Lebenswochen. Frau N ihrerseits investierte ihre Arbeitskraft ebenfalls, indem sie den Wurf anschliessend und bis zur Plazierung der einzelnen Jungtiere versorgte. Dass dabei beide Parteien gleichzeitig auch Auslagen für die Futterkosten hatten, liegt auf der Hand. Aber: Entsprechend vertraglicher Regelung hatte Frau N der Familie M diese Aufwendungen zurückzuerstatten. Sie hatte also nebst ihrem Arbeitsaufwand schlussendlich noch eine erhebliche finanzielle Belastung (Tierarzt, Futter usw.) zu tragen. Durch all diese »Einsätze« der Parteien liess sich das angestrebte Ziel verwirklichen – es wuchsen gesunde Welpen heran, welche allesamt plaziert werden konnten.

Fest steht, dass sich diese Parteien – wie wohl die meisten Personen in solcher Situation – bei der Abwicklung des geschilderten »Vorgangs« keinerlei Gedanken darüber machten, ob oder gar welche Rechtsform durch ihr Handeln erfüllt sei. Sie waren in der Folge denn auch äusserst erstaunt, als sie erfuhren, dass sie durch ihr Wurf-Vorhaben diesbezüglich eine sogenannte »einfache Gesellschaft« geworden waren. Eine solche einfache Gesellschaft bildet man nämlich – vereinfacht ausgedrückt – immer dann, wenn man sich (in nicht-wirtschaftlichem Bereich) zusammentut, um mit vereinten Kräften und Mitteln eine bestimmte Absicht zu realisieren. Diese gemeinsame Absicht bzw. das gemeinsame »Ziel« braucht sich dabei keineswegs über längere Zeit hinzuziehen oder zu wiederholen – eine einmalige »Tätigkeit« genügt dabei durchaus. Dies hat zur Folge, dass die Bedeutung der einfachen Gesellschaft ausserordentlich gross ist. Wo immer es nicht um den Betrieb eines kaufmännischen Unternehmens geht (hier ist diese Gesellschaftsform ausgeschlossen), stellen gemeinsame »Mittel/Zweck-Vorhaben« sehr oft einfache Gesellschaften dar – dies, obwohl sich die Parteien häufig gar nicht bewusst sind, dass sie rechtlich eine einfache Gesellschaft bilden. Erforderlich ist natürlich, dass überhaupt eine rechtliche Bindung angestrebt wird – wo wie in unserem Beispiel vertragliche Regelungen getroffen werden, ist dies aber sicherlich stets der Fall.

Im Gesellschaftsrecht erfüllt die einfache Gesellschaft sozusagen die Funktion eines Auffangbeckens. Sie kommt mit anderen Worten immer dann zur Anwendung, wenn die Voraussetzungen einer anderen im Gesetz geregelten Gesellschaftsform nicht erfüllt sind. Gleichzeitig haben ihre Regeln auch im sonstigen Gesellschaftsrecht Bedeutung – jene Aspekte sind aber für unsere Fragestellung nicht von Interesse.

Für uns ist vielmehr wesentlich, dass sich der Gesetzgeber der »Auffangfunktion« der einfachen Gesellschaft durchaus bewusst war und sich deshalb bemühte, hinsichtlich der gesetzlichen Bestimmungen eine sehr freie, flexible Ordnung zu schaffen. Nur ganz wenige Regelungen sind »zwingend«, wobei »zwingend« soviel bedeutet, dass die Parteien auch bei übereinstimmender Auffassung nicht davon abweichen können (zwingend ist beispielsweise die unbeschränkte und solidarische Haftung jedes »Teilhabers« für die Verbindlichkeiten der Gesellschaft – und zwar mit dem ganzen Vermögen).

Abgesehen von den wenigen zwingenden Normen steht es den Gesellschafter (grundsätzlich) frei, ihr Rechtsverhältnis nach eigenem Gutdünken zu gestalten. Regeln sie allerdings einen Punkt nicht, der notwendigerweise irgendeiner Regelung bedarf, so kommt das sogenannte »dispositive Recht« zum Zuge. Der Ausdruck »dispositiv« ist dabei so zu verstehen, dass die entsprechende gesetzliche Bestimmung nur dann zur Anwendung kommt, wenn die Parteien nichts bzw. nichts abweichendes vereinbart haben. Als Beispiel hierfür mag die Frage der Gesellschafter-Beiträge dienen. Entsprechend der gesetzlichen Regelung hat zur Erreichung des gemeinsamen Zweckes jeder Gesellschafter einen Beitrag zu leisten. Dieser Grundsatz der Beitragspflicht ergibt sich aus der Tatsache, dass der Gesetzgeber von »gemeinsamen Mitteln oder Kräften« spricht – jeder Beteiligte muss somit zwangsläufig etwas zur Erreichung des gemeinsamen Zweckes beisteuern. Als dispositive Norm gilt nun weiter, dass alle Gesellschafter nach Art und Umfang die gleichen Beiträge zu leisten haben. Da diese Bestimmung wie gesagt dispositiver Natur ist, steht es den Parteien frei, eine abweichende Regelung zu treffen. So können sie z. B. vereinbaren, dass ein Teilhaber ganz oder vor allem Arbeit in den Gesellschaftszweck investiert, wogegen ein anderer Sach- oder Geldleistungen einbringt. Die verschiedensten Regelungen sind hier denkbar – nur: sie müssen getroffen werden. Lassen die Gesellschafter diesen Punkt ungeregelt, muss anstelle des Parteiwillens notgedrungen etwas anderes gelten. Dieses andere ist dann eben die genannte dispositive Gesetzesnorm, welche besagt, dass die Beiträge aller Beteiligten nach Art und Umfang gleich sein müssen.

In diesem Zusammenhange ebenfalls sehr wichtig ist die Frage des »Stimmenprinzips«. Da es sich auch bei diesen gesetzlichen Regelungen um dispositives Recht handelt, steht es den Parteien frei, etwas anderes zu vereinbaren. Tun sie dies aber nicht, so kommen Gesellschaftsbeschlüsse nur dann zustande, wenn unter den Gesellschaftern Einstimmigkeit herrscht. Damit stellt sich die Frage nach dem »Ausmass« des Stimmrechts ohnehin nur dann, wenn die Parteien für einzelne Fälle oder ganz allgemein das Mehrheitsprinzip eingeführt haben. Dann werden (abweichende Regelungen vorbehalten) die Stimmen nach Köpfen, und nicht nach der Höhe der Beiträge gezählt. Jeder Gesellschafter hat somit das gleiche Stimmrecht – es gilt das »Kopfstimmen-Prinzip«. Auch diese Regelung ist allerdings nicht zwingend und kommt damit nur zum Zuge, wenn die Teilhaber nichts anderes vereinbart haben. Mit anderen Worten: Die Abmachung, das Stimmrecht beispielsweise nach der Höhe der Beiträge abzustufen, ist durchaus zulässig.

Nun zurück zu unserem konkreten Fall: Frau N und die Familie M kamen überein, mindestens einen weiteren Wurf der entsprechenden Jagdhunderasse »zu realisieren«. Sie taten dies gemeinsam, indem beide Parteien hierzu »Beiträge« leisteten. Wer welche Beiträge zu erbringen hatte, wurde vertraglich geregelt. Entsprechend investierte die Familie M Arbeit (Pflege des Wurfes während der ersten sechs Wochen) und stellte das Muttertier zur Verfügung. Demgegenüber setzte sich Frau N's Beitrag aus ihrer Arbeitsleistung (Wurfpflege ab 7. Woche und Vermittlung der Junghunde usw.) und ihren finanziellen Aufwendungen (gesamte Wurfkosten) zusammen. Ohne ihr Wissen und damit natürlich auch ohne ihren Willen haben die Parteien hier also – bezogen auf diesen Wurf – wie oben dargestellt eine einfache Gesellschaft »gegründet«. Diese Gesellschaft war auch erfolgreich: Geburt und Aufzucht der Welpen brachten keine Probleme, und alle Jungtiere konnten an passende Plätze verkauft werden.

Wollte man – was die Parteien mit ihrer Formulierung »mindestens einen Wurf« offengelassen haben – davon ausgehen, es bleibe nun definitiv bei diesem einen Mal, so wäre durch den abgeschlossenen Welpenverkauf der »Gesellschaftszweck« erfüllt. Dies hätte zur Folge, dass die Frage nach der Aufteilung des Welpenerlöses mit jener nach der Liquidation des Gesellschaftsvermögens zusammenfallen würde. Der Vollständigkeit halber soll hier auch diese Variante aufgezeichnet werden. In diesem Sinne haben Gesellschafter bei »Gesellschaftsende« ganz allgemein Anspruch darauf, den Wert ihrer in die Gesellschaft eingebrachten Sachen zurückzuerhalten. Eine der Gesellschaft übereignete Sache selbst bekommen sie aber nur dann wieder »in natura« heraus, wenn alle Gesellschafter mit dieser sogenannten »Realteilung« einverstanden sind – sonst müssen sie sich mit dem Geldwert zufriedengeben.

Die Liquidation der Gesellschaft (hier wegen Erreichung des angestrebten Zwecks) bedeutet nun aber das Ende mit allen Konsequenzen. Dies hat natürlich zur Folge, dass auch alle Gesellschaftsschulden usw. bereinigt werden müssen. Bleibt schlussendlich ein Überschuss, ist dieser als Gesellschaftsgewinn zu betrachten und auch dementsprechend zu verteilen. Dementsprechend will dabei heissen, dass es grundsätzlich den Parteien vorbehalten bleibt, in ihrer Gesellschaftsvereinbarung festzuhalten, wie bzw. in welchem Verhältnis ein allfälliger Gewinn unter ihnen aufgeteilt werden soll. Wenn diesbezüglich nichts geregelt wurde, kommt auch hier dispositives Recht zum Zuge. Das Gesetz ordnet für diesen Fall an, dass jeder Gesellschafter den gleichen Anteil am Gewinn (wie im übrigen auch an einem allfälligen Verlust) haben soll.

Ginge man nun also vorliegend davon aus, dass das Gesellschaftsziel mit diesem einen Wurf erfüllt wurde, so wäre die Gesellschaft nach den skizzierten Grundsätzen zu liquidieren. Das Gesellschaftsvermögen wäre aber sehr schnell ermittelt – da die Mutterhündin der Gesellschaft nur zur

Verfügung gestellt und nicht übereignet wurde, würde es sich auf den Erlös aus dem Welpenverkauf beschränken. Grundsätzlich hätten nun die Parteien vorab einmal Anspruch auf Ersatz all ihrer Auslagen – grundsätzlich deshalb, weil in unserem konkreten Fall eine abweichende Regelung getroffen wurde, wonach alle finanziellen Aufwendungen vollumfänglich zu Lasten von Frau N gingen. Das aus dem Welpenerlös bestehende Gesellschaftsvermögen wäre also hier – ausnahmsweise ohne jede weiteren Berechnungen – dem Reingewinn gleichzusetzen.

Nachdem der ganze Streit ja bekanntlich gerade deshalb entstanden ist, weil die Parteien im Hinblick auf die Verteilung des Welpenerlöses – also des Reingewinns – überhaupt keine Regelungen trafen, kommt nun notgedrungen das dispositive Gesetzesrecht zur Anwendung. Wie bereits erwähnt, hält dieses für einen solchen Fall fest, dass jeder Teilhaber den gleichen Anteil am Gewinn haben soll. Der Welpenerlös wäre also – so man vom Ende der Gesellschaft und damit von der Liquidation des Gesellschaftsvermögens ausgeht – je zur Hälfte auf Frau N und die Familie M zu verteilen.

Zum rechnerisch völlig gleichen Resultat kommt man, wenn man – was vorliegend den Tatsachen entsprechen dürfte – davon ausgeht, dass sich die zerstrittenen Parteien nach Bereinigung der Geldfrage wieder versöhnt haben und damit dieser Wurf im Sinne der Formulierung »mindestens einmal« nicht der letzte »gemeinsame« gewesen ist. Unter diesen Umständen versteht es sich von selbst, dass die einfache Gesellschaft bestehen bliebe – ihr »Ziel« wäre ja für nicht absehbare Zeit noch nicht erfüllt. Dies hätte zur Folge, dass man sich alle Überlegungen zur Liquidation des Gesellschaftsvermögens sparen könnte und ohne diesen Umweg zum Thema »Gesellschaftsgewinn« käme. Auch hier wären grundsätzlich vorerst einmal die Auslagen der Parteien in Abzug zu bringen – wenn diese nicht Frau N ausdrücklich allein übernommen hätte. Somit geht es genau wie oben beim Weg über die Liquidation des Gesellschaftsvermögens auch hier ausschliesslich darum, den Welpenerlös – als Gewinn – aufzuteilen. Zur Anwendung kommt mangels anderer Abrede dasselbe dispositive Gesetzesrecht wie bei der »Liquidations-Variante«. Frau N und die Familie M haben also in jedem Falle Anspruch auf je die Hälfte des Welpenerlöses.

Das bewusst so ausführlich dargestellte Beispiel mag gezeigt haben, dass Zuchtvereinbarungen oder besser Zuchtrechtsvereinbarungen etliche Probleme mit sich bringen können, weshalb es sich sicherlich lohnt, die Sache mit all ihren Aspekten vor Vertragsschluss gründlich durchzudenken und gegebenenfalls auch zu diskutieren. Wenn die Beteiligten schlussendlich genau wissen, was sie im einzelnen wollen, sollte die erfolgte Einigung überdies schriftlich fixiert werden. Schriftlichkeit ist nämlich keineswegs nur angebracht, wenn man der Gegenpartei irgendwie misstraut – in einem solchen Fall ist es meist ohnehin sinnvoller, ganz auf das Geplante zu verzichten. Ein schriftlicher Text beugt ganz einfach Missverständnissen besser vor als eine bloss mündliche Abrede – und im Streitfall kann man dann wenigstens beweisen, was geregelt wurde und was nicht. Dass vertraglich nicht geregelte Punkte dabei keinesfalls einem »rechtsfreien« Raum gleichkommen, dürfte ebenfalls deutlich geworden sein. Es besteht also keinerlei Anlass, einfach von vornherein nachzugeben, wenn man überzeugt ist, ungerechtfertigten Ansprüchen gegenüberzustehen.

III. Zur Welpentötung nach Zuchtreglement

Selbstverständlich sind gesunde Eltern- und Grosselterntiere noch lange keine Garantie für allseits gesunde Welpen. Geburtsschäden und ähnliche Gebrechen können sich bei jedem Wurf einschleichen. Ebenso selbstverständlich ist, dass es gerade aus Gründen des Tierschutzes nötig sein kann, solche nicht oder nicht genügend lebensfähigen Welpen einzuschläfern. Dies ist zwar im Einzelfalle stets sehr traurig, aber manchmal eben nicht zu umgehen. Von Welpentötung in diesem Sinne handelt das vorliegende Kapitel also nicht. Hier geht es um etwas ganz anderes – die angesprochene Problematik findet sich im nachfolgenden Beispiel:

Das Zuchtreglement des Hundeklubs X schreibt vor, dass dem Muttertier nur acht Welpen belassen werden dürfen. Nach diesem Reglement sind »überzählige« Welpen auch dann zu töten, wenn sie gesund sind und dem Rassestandard entsprechen. Ferner sind auch solche Welpen durch Tötung zu eliminieren, welche zuchtausschliessende »Schönheitsfehler« aufweisen.

Die in diesem Zusammenhang oft aufgeworfene Frage lautet nun kurz und bündig: Sind solche Zuchtreglements-Bestimmungen haltbar oder nicht – und wenn nein, was ergeben sich daraus für Konsequenzen?

Es hilft nun wenig, einfach irgendeine Antwort in den Raum zu stellen; schliesslich soll der Einzelne damit ja auch wirklich etwas anfangen können. Es gibt deshalb nur einen Weg – man muss die Hintergründe der Sache betrachten. Und immer, wenn man von Tier und Hintergrund spricht, kommt man sozusagen notgedrungen zum Tierschutzgesetz. Dieses ist von einem in Artikel 2 verankerten Grundgedanken getragen, wonach es ganz allgemein verboten ist, einem Tier ungerechtfertigt Schmerz, Leid oder Schaden zuzufügen oder aber es in Angst zu versetzen. Es geht dabei nicht etwa nur darum, Tierquälerei als solche unter Strafe zu stellen. Das Tierschutzgesetz wollte vielmehr eine allgemeine Schutznorm schaffen, welche das Wohlbefinden der Tiere sicherstellen soll. In einer Doktorarbeit zum Thema »Bundesstrafrechtlicher Tierschutz« (Ueli Vogel, Zürich 1980) wird in diesem Sinne festgehalten, verboten sei »jede Beeinträchtigung der körperlichen oder seelischen Integrität eines Tieres, welche eine gewisse Intensität erreiche«.

Wie schon zu Beginn erwähnt, versteht es sich nun aber von selbst, dass nicht jede Tötung von Tieren generell verboten ist. Ein solches Verbot wäre in gewissen Fällen (beispielsweise Geburtsgebrechen) grundsätzlich falsch und im übrigen ein Ding der Unmöglichkeit – es würde ganze Wirtschaftszweige lahmlegen (z. B. Schlachtvieh). Aus diesem Grund musste das Tierschutzgesetz zwischen erlaubter und verbotener Tötung eine sinnvolle Abgrenzung finden. Es tat dies, indem in Artikel 22 festgehalten wird, verboten sei die Tötung immer dann, wenn der Tötungsakt »auf qualvolle Weise« oder »aus Mutwillen« erfolge.

Es ist nun hinsichtlich unserer Fragestellung davon auszugehen, dass die genannte Welpentötung (überzählige Welpen oder solche mit zuchtausschliessenden Schönheitsfehlern) im Einzelfalle so erfolgt, dass der betroffene Züchter alles daran setzt, den entsprechenden Jungtieren Schmerz oder Leiden zu ersparen. So gesehen dürfte also in den seltensten Fällen von einem Tötungsakt »auf qualvolle Weise« gesprochen werden können und damit in diesem Sinne kaum je ein Verstoss gegen die Tierschutzgesetzgebung vorliegen. Das will nun aber noch lange nicht heissen, dass die Tötung solcher Welpen deshalb zulässig wäre. Dies wäre nur dann zu bejahen, wenn auch das zweite Kriterium – dasjenige der Tötung »aus Mutwillen« – dadurch nicht erfüllt wird. Damit kommen wir zur Frage, was hier unter »mutwillig« genau zu verstehen ist.

Auszugehen ist dabei von der Tatsache, dass sich der Betroffene im Einzelfalle nur dann strafbar macht, wenn er eine Handlung »rechtswidrig« oder anders ausgedrückt: ungerechtfertigt – ausführt. So ist eine Welpentötung immer dann rechtswidrig, wenn kein sogenannter »Rechtfertigungsgrund« vorliegt. Herangezogen werden können hier nur der (übergesetzliche) Rechtfertigungsgrund der »Wahrung berechtigter Interessen«. Dieser bedeutet, dass ein menschliches Verhalten dann rechtmässig ist, wenn es »notwendiges und angemessenes Mittel zu einem berechtigten Zweck« darstellt. Mittel und Zweck müssen also in einem »sinnvollen« Verhältnis stehen. Dies ist von vornherein immer dann nicht der Fall, wenn zur Erreichung des »Zieles« andere, weniger weitgehende Mittel zur Verfügung stehen und diese so sind, dass den Betroffenen auch zugemutet werden kann, davon Gebrauch zu machen. Angemessenheit setzt also mit anderen Worten voraus, dass im Hinblick auf das gewählte »harte« Vorgehen eine Art Zwangslage besteht, weil sozusagen »einfach nichts anderes übrigbleibt«.

Wann aber geht es überhaupt um einen berechtigten Zweck bzw. um die Wahrung »berechtigter Interessen«? Eine allgemeingültige »Pauschal-Antwort« lässt sich hier wohl nur schwer finden – dazu ist die Frage viel zu komplex und zu sehr von Wertungen abhängig. Sicher ist, dass man sich auch bei dieser Problematik an den allgemeinen Rechtsgrundsätzen zu orientieren hat. So kommt in jedem Falle der bereits erwähnte »Grundsatz der Subsidiarität« zur Anwendung, welcher hier besagt, dass die Welpentötung nur dann gerechtfertigt sein kann, wenn sie das »letzte Mittel« zur Wahrung menschlicher Interessen darstellt. Weniger weitgehende – die Tötung somit vermeidende – Massnahmen müssen dementsprechend stets den Vorrang haben. Nebst dem Grundsatz der Subsidiarität ist überdies auch hier das bereits bekannte »Proportionalitäts-Prinzip« zu beachten. Es hat zur Folge, dass die Welpentötung nur dann gutgeheissen werden kann, wenn sie – als »Mittel« – in einem »vernünftigen Verhältnis« zum durch den Menschen angestrebten »Zweck« steht. Der menschliche »Zweck« muss es also sozusagen rechtfertigen, dass dafür gesunde Welpen geopfert werden müssen.

Es mag nun – als vielfach vorgebrachtes Argument – durchaus zutreffen, dass eine Mutterhündin mit der Aufzucht von mehr als 8 Welpen überfordert wäre und bei entsprechender Belastung gesundheitliche Schäden für Mutter und Wurf entstehen könnten. Gäbe es deshalb keine andere Möglichkeit, so wäre die Tötung gesunder und dem Rassestandard entsprechender, aber »überzähliger« Welpen allenfalls gerechtfertigt. Aber: Es gibt sehr wohl mindestens eine solche »andere Möglichkeit« – nämlich die der sogenannten »Ammen-Aufzucht«, wo das Muttertier durch eine entsprechende Hündin »Unterstützung« erhält. Nachdem die Ammen-Aufzucht vielerorts längst verwirklicht wurde, kann heute ohne weiteres davon ausgegangen werden, dass weder medizinische noch biologische Gründe die Tötung »überzähliger« Welpen auch nur im mindesten notwendig machen. Schon allein nach dem Grundsatz der Subsidiarität muss deshalb auf diese »Konsequenz« verzichtet werden.

Genausowenig kann diese Welpentötung gerechtfertigt sein, um dadurch die »Konkurrenz« unter den Züchtern in Grenzen zu halten. Wohl ist dies ein oft vorgebrachtes Argument für entsprechende Zuchtreglements-Bestimmungen, aber: bei einer solchen »Motivation« kann von einem »vernünftigen Verhältnis« zwischen Mittel und Zweck keine Rede sein. Das Prinzip der Proportionalität rechtfertigt dementsprechend die Tötung »überzähliger« Welpen ebenfalls nicht – diese erweist sich somit als mit unserer Rechtsordung schlicht nicht vereinbar.

Ebenso verhält es sich mit der eingangs erwähnten Tötung gesunder Welpen mit zuchtausschliessenden »Schönheitsfehlern«. Hier trifft es zwar im Sinne der oft vorgebrachten Argumente durchaus zu, dass sichergestellt werden muss, dass solche Jungtiere später auch tatsächlich nicht zur Zucht verwendet werden. Zum einen wäre dies aber mutmasslich ohnehin kaum je der Fall, weil gerade in solchen Fällen die Ankörung als »Barriere« dient. Zum andern wäre es beispielsweise auch durchaus machbar, den entsprechenden Stammbaum von vornherein mit einem Fehler-Eintrag bzw. einem Zuchtsperr-Vermerk zu versehen. Mit etwas Fantasie liessen sich ohne Zweifel auch weitere gangbare Varianten ersinnen, um eine Zucht mit dem entsprechenden Tier zu verunmöglichen. Die Suche nach solchen Varianten ist nun aber keinesfalls ein Ding der Freiwilligkeit – nach dem Subsidiaritäts-Prinzip *muss* wie bei den »überzähligen« Welpen auch in »Schönheitsfehler-Fällen« nach einer solchen »milderen« Lösung gesucht werden. Das Erfordernis der Tötung solcher Welpen ist dementsprechend sowohl aus menschlichen als auch aus rechtlichen (Tierschutzgesetz) Gründen *unhaltbar.*

Es stellt sich nun abschliessend die Frage, welche Wirkungen nichtsdestotrotz bestehende »Tötungs-Bestimmungen« eines Zuchtreglementes entfalten. Auszugehen ist dabei von der Tatsache, dass solche Vereins-Normen im Sinne des Gesagten gegen das Tierschutzgesetz – also gegen Bundesrecht – verstossen. Dass »Vereinsrecht« niemals Bundesrecht zu ändern vermag, liegt auf der Hand. Damit sind solche Reglements-Bestimmungen im Sinne des Art. 20 unseres Obligationenrechtes (OR) widerrechtlich und dementsprechend nichtig. Auch eine Genehmigung solcher Zuchtreglemente durch die SKG vermag diese Nichtigkeit nicht etwa – »zu beheben« – sie trägt nämlich selbst den Stempel der Nichtigkeit, da Bundesrecht auch hier Bundesrecht bleibt.

Wer also im genannten Sinne »überzählige« Welpen bzw. Welpen mit »Schönheitsfehlern« tötet, der erfüllt – Zuchtreglement hin oder her – den Tatbestand des Tötens von Tieren »aus Mutwillen« (Tierschutzgesetz Art. 22 Abs. 2 lit. b). Er macht sich im übrigen selbst dann schuldig, wenn er die Tat fahrlässig begeht (Tierschutzgesetz Art. 27). Dabei braucht der Welpenhalter die Tötung keineswegs selbst auszuführen – auch wer nur zustimmt, macht sich strafbar (Tierschutzgesetz Art. 27 in Verbindung mit Art. 29 Ziff. 2). Für den (noch) durch solche Reglemente betroffenen verantwortungsbewussten Züchter wird es unter diesen Umständen sicherlich nur eines geben: Er wird dafür Sorge tragen, dass »sein« Reglement bereinigt wird. Es ist zu wünschen, dass ihm dies über den persönlichen

Vorstoss bei seinem Rasseklub gelingt. Wenn nicht, so braucht er sich keinesfalls geschlagen zu geben. Es stehen ihm genügend (prozessuale) Mittel zur Verfügung, um sich für die Gesamtheit all seiner gesunden Welpen zu wehren. Dann wird sich zeigen, ob die Gegner der hier vertretenen Rechtsauffassung weiterhin der Welpentötung das Wort reden dürfen – oder ob stattdessen die entsprechenden Zuchtreglemente endgültig »bereinigt« werden müssen.

IV. Der Hund im Hundeferienheim

Wer verreist, wird mitunter keine Möglichkeit haben, seinen Hund mit sich zu nehmen. Überdies gibt es auch genügend Destinationen, wo eine Reise für das Tier eher eine Zumutung bedeuten würde. Von einem solchen Fall handelt auch das nachfolgende Beispiel:

Familie A, welche für zwei Wochen nach Übersee wollte, versuchte, ihren Hund für diese Zeit bei Verwandten oder Bekannten unterzubringen – dies misslang. Hierauf gaben die A's ihren Hund in ein Tierheim und reisten ab. Eine Kontaktadresse konnten sie nicht hinterlassen, weil sie ständig unterwegs waren.

Schon nach ganz kurzer Zeit zeigte das anvertraute Tier auffallende Krankheitssymptome. Der erfahrene Tierheim-Leiter zog unverzüglich den Tierarzt zu, welcher den Hund gründlich untersuchte. Die von einem zweiten Tierarzt bestätigte Diagnose ergab, dass der Hund der Familie A an einer nach dem derzeitigen Stand der medizinischen Wissenschaft unheilbaren Krankheit litt, welche bereits sehr weit fortgeschritten war. Jede Bewegung bereitete dem Tier grosse Schmerzen – überdies war das Ganze hinsichtlich anderer Hunde extrem ansteckend. Beide Tierärzte empfahlen dringend, das Tier sofort von seinen Leiden zu erlösen.

Mittlerweilen stand nun aber die Rückkehr der Familie A kurz bevor. Deshalb entschloss sich der Tierheim-Leiter, den Eigentümern den »Entscheid über Leben und Tod« zu überlassen und sorgte stattdessen für bestmögliche Pflege und Quarantäne. Aber: Am Tage X traf statt der Familie A ein Telegramm ein, welches mitteilte, man habe sich entschlossen, den Urlaub um weitere zwei Wochen zu verlängern. Nun schien dem Tierheim-Leiter ein weiteres Zuwarten verantwortungslos. Er befolgte die tierärztlichen Empfehlungen und liess den Hund einschläfern. Für dieses Vorgehen hatte nun aber die Familie A nach ihrer Rückkehr alles andere als Verständnis. Sie war empört und verlangte Schadenersatz für den »ermordeten« Hund. Zu Recht?

Dieser Streit mit dem Tierheim über die Art und Weise der Behandlung von anvertrauten Tieren ist bei weitem kein Einzelfall. Es soll deshalb an diesem

Beispiel aufgezeigt werden, wie sich die Rechtsbeziehungen zwischen den Beteiligten gestalten; wer also mit anderen Worten welche Rechte und Pflichten hat. Auszugehen ist dabei von der Tatsache, dass derjenige, welcher seinen Hund für eine gewisse Zeit einem Tierheim überlässt, dadurch ein Auftragsverhältnis begründet. Das Tierheim bzw. dessen Mitarbeiter haben dabei – umfassend ausgedrückt – die Aufgabe, in jeder Hinsicht (Fütterung, Betreuung usw.) um das Wohl des Hundes besorgt zu sein. Hierfür ist – in der Regel berechnet nach der Anzahl der »Pensionstage« – ein Entgelt geschuldet.

Dem Tierheim steht es nun nicht etwa frei, selbst zu bestimmen, wie es die ihm anvertrauten Hunde bzw. Tiere behandeln will. Es hat sich dabei stets nach dem Willen des Auftraggebers zu richten, welcher allerdings oft nicht ausdrücklich in Worte gekleidet sein wird. Wenn deshalb keine besonderen Instruktionen hinterlassen werden, so kann man den Auftrag des Tierheims wohl stillschweigend in etwa so formulieren, dass dieses alles zu tun hat, um bestmöglichst für das anvertraute Tier zu sorgen. Das Tierheim hat also – auftragsrechtlich gesprochen – die sich aus der Überlassung des Tieres ergebenden Pflichten getreu und sorgfältig auszuführen. Tut es dies in irgendeiner Weise nicht, so wird es vertragsbrüchig und haftet für den daraus entstehenden Schaden. Eine solche haftungsrechtliche Pflichtverletzung kann beispielsweise darin liegen, dass bei einem offensichtlich kranken Tier kein Tierarzt zugezogen wird. Hat eine solche Unterlassung Folgen, so muss das Tierheim selbstverständlich dafür einstehen.

Welche Bedeutung haben nun aber diese allgemeinen Anmerkungen, wenn sich – wie vorliegend – die Situation während der Unterbringung des Hundes im Tierheim grundlegend ändert?

Auftragsrechtlich gilt, dass ein Beauftragter (also hier das Tierheim) immer dann unverzüglich neue Weisungen des Auftraggebers einholen muss, wenn sich die Situation so verändert, dass die ursprünglichen Instruktionen nicht mehr ausreichen. Vorliegend war es mit der ausdrücklich oder auch nur stillschweigend erteilten Weisung, gut für den Hund zu sorgen, nicht mehr getan, als sich dessen Zustand derart rapide verschlechterte. Im Hinblick auf das von den Ärzten empfohlene Einschläfern des Tieres hätte nun selbstverständlich sofort mit der Familie A Rücksprache genommen werden müssen – wenn dies möglich gewesen wäre. Aber gerade dieses Vorgehen war vorliegend eben nicht möglich – und zwar nicht etwa, weil das Tierheim-Personal vergessen hatte, nach einer Kontaktadresse zu fragen. Sicher ist es verständlich, wenn man – wie die Familie A – wegen einer Rundreise nicht in der Lage ist, irgendetwas Greifbares zu hinterlegen. Das Fehlen einer solchen Kontaktaufnahmestelle kann dann aber auch nicht dem Tierheim angelastet werden; der Auftraggeber hat dies selbst zu verantworten. Item – das Tierheim trifft an der mangelnden Rückfrage-Möglichkeit in unserem Falle nicht die geringste Schuld. Das Einholen neuer Weisungen war hier schlicht unmöglich.

In einem solchen Falle hat nun der Beauftragte wie ein Geschäftsführer ohne Auftrag mangels konkreter Instruktionen das zu tun, was dem »mutmasslichen Willen« des Auftraggebers entspricht. Er hat sich also sorgfältig zu überlegen, was der Auftraggeber selbst tun würde, wenn er an Ort und Stelle wäre oder sonst auf irgendeine Art und Weise Instruktionen erteilen könnte. Im vorliegenden Falle ist nun davon auszugehen, dass jeder auch nur einigermassen vernünftige Tierhalter seinen Hund zumindest dann von unerträglichem und unheilbarem Leiden erlöst, wenn zur Gewissheit geworden ist, dass man sein Tier nicht retten kann. Dass dabei ein solches »Ja« zur einschläfernden Spritze für alle, die ihre Tiere lieben, ein mehr als nur schmerzlicher Schritt ist, ist klar – gerade der tierliebende Mensch wird aber sein »Innenleben« gegenüber den Leiden seines Hundes zurückstellen. Die Leitung des Tierheimes konnte also mit anderen Worten bezogen auf den konkreten Fall davon ausgehen, dass die Familie A – hätte sie die Möglichkeit zu entscheiden gehabt – ihr Einverständnis zum Vorgehen nach der Empfehlung der Ärzte geben würde. Indem man sich in der Folge entschloss, entsprechend diesem »mutmasslichen Willen« der Familie A zu handeln, wurde also mit anderen Worten kein Auftragsrecht verletzt – im Gegenteil. Als die A's nicht planmässig aus den Ferien zurückkehrten, musste im Interesse des Tieres etwas getan werden – die Tierheim-Leitung hat sich dabei auch auftragsrechtlich völlig korrekt verhalten. Weil sie so handelte, wie »jeder vernünftige Mensch« ebenfalls gehandelt hätte, hat sie ihre Pflichten im Sinne des »mutmasslichen Willens« des Auftraggebers erfüllt. Von »Mord« oder (berechtigten) Schadenersatzansprüchen kann deshalb keine Rede sein.

Um nun aber die Anspruchsfrage anhand dieses Beispiels abschliessend durchzudenken, sollen auch jene »Varianten« aufgezeigt werden, wo eine Haftung des Tierheims tatsächlich begründet würde. Denkbar wäre in diesem Sinne beispielsweise folgendes:

– Die Erkrankung des Hundes wäre (nachweislich) auf eine fahrlässige Unterlassung des Beauftragten bei der Betreuung des Tieres zurückzuführen. Eine solche fahrlässige Unterlassung könnte beispielsweise darin liegen, dass die Betreuung als solche schlecht war (schlechte Fütterung usw.) oder, dass im Falle einer erkennbaren Krankheit der Tierarzt zu spät oder gar nicht zugezogen wurde. All solches Handeln wäre ein Verstoss gegen die vertraglichen Pflichten, gut für das anvertraute Tier zu sorgen – entsprechend müsste das Tierheim für entstandenen Schaden aufkommen;

- die Erkrankung des Hundes wäre zwar ernst, aber nicht alarmierend. Es lägen also mit anderen Worten weder medizinische (z. B. Seuchengefahr) noch sonstige (z. B. grosse Schmerzen des Tieres) Aspekte vor, welche ein rasches Handeln angezeigt erscheinen lassen. Hier müsste das Recht des Auftraggebers, selbst über das Leben seines Hundes zu entscheiden, in den Vordergrund rücken. Mit anderen Worten: Nur dann, wenn keine andere Wahl besteht, darf der Beauftragte eine solch schwerwiegende Entscheidung über Leben und Tod selbst treffen. Beansprucht er dieses Recht in einer anderen Situation, so wird er haftbar;

- die vom Tierheim zugezogene medizinische Hilfe entspräche nicht dem, was heute als anerkannt gilt. Das Tierheim hätte also – beispielsweise aus Kostengründen – in einem solchen Falle keinen ausgewiesenen Tierarzt, sondern irgendetwas anderes (Naturheilpraktiker usw.) zugezogen. Auch hier würde eine Verletzung der Sorgfaltspflicht vorliegen – der Beauftragte (Tierheim) müsste gegebenenfalls für die Folgen seiner Handlungsweise einstehen.

Abschliessend kann somit gesagt werden, dass der Leitung eines Tierheimes – sofern sie ohne Instruktionen des Auftraggebers handeln muss – immer dann kein Vorwurf zu machen ist, wenn sie vorher den »mutmasslichen Willen« des Betroffenen »ermittelt« und in der Folge danach handelt. Der Beauftragte hat in einem solchen Falle die Pflichten eines Geschäftsführers ohne Auftrag – es kann ihn keine Haftung treffen, wenn er so sorgfältig vorgeht, als wäre die zu beurteilende Angelegenheit seine eigene. Erst wenn er – sei es fahrlässig oder gar vorsätzlich – von diesem Wege abkommt, kann er für die Folgen seiner Handlungsweise belangt werden. Ein – wie in unserem Beispiel – eindeutig korrekt auftretendes Tierheim hat nichts zu fürchten. Es hat im Gegenteil sogar ein Lob verdient – es dürfte nicht alle Tage vorkommen, dass »in eigener Regie« sogar ein zweiter Tierarzt zugezogen wird, damit eine ohnehin schon sichere Diagnose zur »hundertprozentigen« wird.

V. Der Hündeler und sein Verein

Hundeclubs gibt es zwar nicht gerade wie Sand am Meer, aber dennoch: Wenn man die gesamte Schweiz betrachtet, kommt da einiges zusammen. Ob es sich nun um Zusammenschlüsse der einzelnen Hunderasse-Anhänger oder um örtliche Vereinigungen zur Ausbildung und zum Training der Tiere handelt, eins haben solche Clubs (oder wie sie sonst auch immer genannt sein mögen) in der Regel gemeinsam: Sie stellen Vereine im Sinne unseres Zivilgesetzbuches dar. Und etwas weiteres haben sie leider mehr oder weniger ebenfalls gemeinsam: Probleme wie dasjenige im nachfolgenden Beispiel haben schon vielerorts zu Diskussionen Anlass gegeben. Herr P ist also mit seiner Frage keineswegs ein Einzelfall. Seine Ausgangslage war die folgende:

Nachdem Herr P sich einen Hund angeschafft hatte, bemühte er sich um die Aufnahme in den Hundeclub S. Seine Bewerbung ward erst einmal eine ganze Weile gar nicht behandelt und in der Folge dann abgelehnt. Herr P erhielt für diesen negativen Entscheid zwar eine Begründung – diese schien ihm aber wenig stichhaltig zu sein. Was er nun wissen wollte, war, ob er sich gegen die Ablehnung seiner Person zur Wehr setzen bzw. die Aufnahme in den Hundeclub S erzwingen könne. Wie sieht in einem solchen Fall die Rechtslage aus?

Wie bereits erwähnt ist eine Hündeler-Gemeinschaft wie der Hundeclub S nicht einfach ein »rechtsfreies« Gebilde. Sie wurde als Verein im Sinne unseres Zivilgesetzbuches (ZGB) ins Leben gerufen – damit sind auch die entsprechenden gesetzlichen Bestimmungen massgebend. Nun verhält es sich aber so, dass das ZGB im Hinblick auf den Verein nur sehr wenige sogenannte »zwingende« Regelungen aufstellt – Bestimmungen also, welche nicht zu Ungunsten der Mitglieder abgeändert werden können. Zwingend in diesem Sinne ist beispielsweise das Recht auf Einberufung einer Mitgliederversammlung, wenn ein Fünftel der Mitglieder diese Einberufung verlangt. Ebenso zwingend gegeben ist das Recht eines Mitglieds, aus dem Verein auf Wunsch bzw. Kündigung hin wieder auszutreten.

Wo immer das Gesetz keine solchen zwingenden Normen aufstellt, bestehen für den einzelnen Verein im Rahmen seiner Statuten vielfältige Möglichkeiten. Er kann also hier seine inneren Verhältnisse sozusagen nach Belieben regeln – genannt wird dies das Selbstbestimmungsrecht des Vereins oder kurz »Vereinsautonomie«.

Für unsere Fragestellung ist nun von Bedeutung, ob das zwingende Gesetzesrecht einem Verein vorschreibt, ein Aufnahmegesuch – gegebenenfalls unter gewissen Bedingungen – positiv zu entscheiden. Wenn es eine solch zwingende Norm gäbe, wäre hier die Vereinsautonomie stark eingeschränkt. Aber: Das Recht einer um Aufnahme ersuchenden Person auf einen positiven Entscheid ist nirgendwo verankert. Wenn der Verein also mit anderen Worten jemanden nicht aufnehmen will, so muss er dies auch nicht tun. Ein Aufnahmezwang besteht selbst dann nicht, wenn in den Vereinsstatuten umschrieben ist, welche »Bedingungen« ein zukünftiges Mitglied erfüllen muss und die um Aufnahme ersuchende Person diesen Anforderungen in allen Punkten gerecht wird. Das für den Aufnahmebeschluss zuständige Vereinsorgan kann also selbst hier gegen eine Aufnahme des Betreffenden entscheiden. Der Zurückgewiesene kann sich nicht einmal über eine grundlose Zurückweisung rechtlich beklagen.

Diese Tatsache ist für viele begreiflicherweise nur sehr schwer verständlich. Man muss sich deshalb ihren Hintergrund vor Augen halten, um zu erkennen, dass es auch ein sehr positives »Gegenstück« dazu gibt. Genausowenig, wie man nämlich einen Verein zwingen kann, eine die Mitgliedschaft beantragende Person aufzunehmen, kann man hierzulande eine Person zwingen, einem Verein beizutreten. Letzteres mag zwar für uns in der Schweiz eine Selbstverständlichkeit sein – im Ausland ist dies keineswegs so selbstverständlich. Der Schweizer würde es beispielsweise in der Regel überhaupt nicht begrüssen, wenn es zulässig wäre, ihn zum Beitritt in eine Gewerkschaft oder etwas ähnliches zu zwingen – hier wird das Recht der freien Wahl meist als ausserordentlich positiv empfunden. Die »Vereinsfreiheit« hat also durchaus ihren tieferen Sinn – entsprechend unserer Rechtsordnung muss sie nun aber gerechterweise für beide Seiten gelten. Wenn man also den Einzelnen nicht zwingen kann, einem Verein beizutreten, so ist es nichts als gerecht, wenn man auch den Verein nicht zwingen kann, den Einzelnen aufzunehmen.

Item – im Hinblick auf unser Beispiel lässt sich zusammenfassend sagen, dass Herr P die Aufnahme in den Hundeclub S nicht erzwingen kann. Er muss sich mit dem abschlägigen Bescheid selbst dann abfinden, wenn ihm die entsprechende Begründung nicht einleuchtet. Im übrigen kann er auch aus der Tatsache, dass sein Aufnahmegesuch nicht postwendend behandelt wurde, nichts für sich ableiten. Mangels anderer statutarischer Regelung ist nämlich beim Hundeclub S die Vereinsversammlung für die Behandlung von Aufnahmegesuchen zuständig – und eine Vereinsversammlung findet nun einmal nicht jeden Tag statt. Der Antrag von Herrn P bleibt auch nicht etwa einfach liegen – er wurde korrekt am nächsten Versammlungstermin erledigt. Damit ist am Vorgehen des Hundeclubs S – zumindest rechtlich – nichts zu beanstanden.

Ob es allerdings im Interesse der gemeinsamen Sache – des Hundes – sehr sinnvoll ist, sich hier Steine in den Weg zu legen, bleibe dahingestellt. Schliesslich sind die Zielsetzungen des ganzen organisierten Hundewesens ideeller Natur – genau aus diesem Grunde fällt beispielsweise die SKG auch nicht unter die Kartellgesetzgebung und kann eben gerade nicht gezwungen werden, Mitglieder aufzunehmen. Wo aber die »ideelle« Natur der Sache bleibt, wenn Aufnahmegesuche allzu frei »nach Lust und Laune« entschieden werden, kann man sich zu Recht fragen. Die Gedanken, welche sich Herr P zu seinem Problem machte, sind somit zumindest nachvollziehbar – sie nützen ihm aber nichts. Die Vereinsmitgliedschaft kann trotz aller Überlegungen über Sinn und Unsinn der Sache nicht erzwungen werden.

Der Beitritt zu einem Verein ist übrigens nicht das einzige Thema, welches in diesem Zusammenhang oft zu Diskussionen und leider auch zu Streitereien Anlass gibt. Fast noch härter umstritten ist die Problematik »Ausschluss von Mitgliedern«. Es ist dabei zwischen statutarischen und gesetzlichen Ausschlussgründen zu unterscheiden.

Das Gesetz kommt immer dann zum Zuge, wenn die Statuten keine Bestimmmungen über die Ausschliessung enthalten. Ein Ausschluss ist in einem solchen Falle nur »aus wichtigen Gründen« möglich, damit die Mitglieder nicht der Willkür der Vereinsorgane ausgeliefert sind. Ein solcher wichtiger Grund ist beispielsweise stets dann gegeben, wenn jemand den Vereinszweck gefährdet oder seinen Vereinsverpflichtungen aus Unfähigkeit oder grober Fahrlässigkeit nicht nachkommt. Ferner stellt es einen wichtigen Grund im Sinne des Gesetzes dar, hartnäckig den »Vereinsfrieden« zu stören oder sich so zu verhalten, dass es dem Verein »zur Schande« gereicht. Mit einem Wort: Auf das Gesetz gestützt ist der Ausschluss eines Mitgliedes immer dann möglich, wenn dieses für den Verein nach objektiven Massstäben »unzumutbar« geworden ist.

Es versteht sich nun fast von selbst, dass der Verein und das nach dem Gesetz wegen wichtiger Gründe ausgeschlossene Mitglied über die Frage, ob der Ausschlussgrund nun wirklich wichtig sei oder nicht, sehr oft nicht einer Meinung sein werden. Dem betroffenen Mitglied steht es deshalb frei, sich (innert Monatsfrist) beim Richter gegen den Ausschluss bzw. den Ausschluss-Grund zur Wehr zu setzen. Wegen des Grundes kann der Richter aber dann nicht angerufen werden, wenn die Ausschliessung nicht gestützt auf das Gesetz, sondern gestützt auf die Statuten erfolgte. Selbst wenn die Statuten einen Ausschluss »ohne Grundangabe« vorsehen, bietet dies keine Handhabe, den Richter anzurufen. Dies mag zwar ebenfalls gelegentlich als »Ungerechtigkeit« erscheinen – es ist es aber nicht. Wer sich nämlich für den Beitritt zu einem Verein interessiert, dem stehen die entsprechenden Statuten zur Einsicht offen. Wenn jemand also findet, die statutarischen Bestimmungen seien so formuliert, dass ihm dies nicht passe, so steht ihm durchaus frei, von einem Beitrittsgesuch abzusehen. Wer mit anderen Worten um den Vereinsbeitritt nachsucht, der unterzieht sich damit den entsprechenden Statuten freiwillig – und kann deshalb nachher auch nicht sagen, diese seien »ungerecht«.

Wer also gestützt auf die Statuten aus einem Verein ausgeschlossen wird, der kann wegen des Ausschlussgrundes nicht an den Richter gelangen. Das will nun aber nicht heissen, dass er überhaupt nicht berechtigt wäre, den Richter anzurufen. Schliesslich ist es ja auch durchaus möglich, dass das Verfahren, welches zu seinem Ausschluss führte, nicht korrekt war – hier muss er sich natürlich wehren können. Ferner ist es auch möglich, dass ein Verein sein statutarisch geregeltes Ausschlussrecht haltlos und willkürlich anwendet – mit anderen Worten also missbraucht. Dies wäre ein Verstoss gegen das in unserer Rechtsordnung ganz allgemein gültige Verbot des Rechtsmissbrauchs (Art. 2 Abs. 2 ZGB) – rechtsmissbräuchliches Tun verdient keinen Rechtsschutz. Dies hat zur Folge, dass der Betroffene in solchen Fällen nichtsdestotrotz den Richter anrufen kann. Die Klage ist auch hier binnen Monatsfrist am Sitz des Vereins anzubringen. Allerdings: Sehen die Statuten neben der Ausschliessungskompetenz des Vorstandes ein Rekursrecht an die Vereinsversammlung vor, so ist zuerst dieser interne Weg zu beschreiten. An den Richter kann man also mit andereren Worten erst dann gelangen, wenn der Verein selbst »letztinstanzlich« entschieden hat. »Letztinstanzlich« will dabei bedeuten, dass vereinsinterne Möglichkeiten vorher ausgeschöpft sind.

Neben diesen beiden sehr oft zur Debatte stehenden Punkten der Aufnahme und des Ausschlusses von Mitgliedern bringt das Vereinsleben auch sonst manches mit sich, das zu Meinungsverschiedenheiten führen kann. Solche Meinungsverschiedenheiten sind oft nicht zuletzt darauf zurückzuführen, dass die Beteiligten sich nicht so ganz darüber im klaren sind, was denn nun eigentlich vereinsrechtlich korrekt wäre und was nicht. Gerade der Vorstand eines Vereins hat diesbezüglich also eine nicht zu unterschätzende Verantwortung. Streitigkeiten unter den Mitgliedern »aus dem hohlen Bauch heraus« zu entscheiden bringt meist wenig. Gerade im Hinblick auf das Vereinsrecht gibt es aber heute bereits eine gewisse Zahl gutverständlicher Handbücher, welche zumindest die wesentlichen Fragen beantworten. Die Anschaffung solcher Literatur ist dabei keineswegs unerschwinglich und dürfte jeder Vereinskasse zuzumuten sein. Wenn sich in der Folge eine Mitglied an Ort und Stelle über seine Rechte (und Pflichten) informieren kann, mag dies manchen Streit im Keim ersticken – und dem Vorstand etlichen (unnötigen) Ärger ersparen.

VI. Zur Frage von Zuchtsperren

Züchter von Rassehunden wissen, welchen Grundsätzen sie Genüge tun müssen. Einerseits sind ihnen die entsprechenden Zuchtreglemente bekannt – zum anderen werden sie sich im Laufe der Zeit mit der jeweiligen Anwendungspraxis vertraut gemacht haben. Nun ist es aber so, dass gerade die Praxis sich längst nicht immer als der Weisheit letzter Schluss erweist – es gibt etliches, worüber man mit gutem Grund diskutieren kann. Was hier angesprochen ist, mag das folgende Beispiel belegen:

Nachdem ein Jungtier eines Wurfes des Züchters A ernsthaft erkrankt ist, stellt der Tierarzt fest, dass es sich bei der Krankheit um eine sog. Demodikose handelt. »Demodikose« ist eine durch eine Milbe verursachte Hautkrankheit, welche eine Besonderheit aufweist: Die Milbe an sich ist ziemlich weit verbreitet. Aber es erkranken nur solche Tiere, die mit einer bestimmten Immunitätsschwäche geboren werden – die Symptome treten demgemäss in früher Jugend auf. Wenn es dem erkrankten Organismus nicht gelingt, gegen die Milben immun zu werden, besteht die Gefahr einer Sepsis, welche in der Regel zum Tode des Jungtieres führt.

Da die Demodex-Milbe sehr kälteempfindlich ist, wird sie bei flüchtigen Kontakten zwischen Hunden kaum je übertragen. Im Gegenteil: Das Milieu, in dem eine Übertragung stattfinden kann, findet sich in der Praxis fast ausschliesslich in der Wurfkiste. Wenn deshalb bei einem Hund Demodikose auftritt, so hat er die Milben mit Sicherheit von seiner Mutter »geerbt« bzw. übernommen.

Nun zurück zu unserem Fall: Nachdem in der Vergangenheit schon mehrfach Jungtiere (derselben Mutter) des Züchters A an ihren neuen Plätzen eingeschläfert werden mussten, weil sie sich als Demodikose-erkrankt erwiesen und ihr Organismus nicht damit fertig wurde, wird seitens des Verbandes erwogen, das Muttertier zur Zucht zu sperren. Von einer solchen Zuchtsperre wird in der Folge abgesehen, weil das entsprechende Reglement diesbezüglich angeblich nur »erblich bedingte Defekte« anspricht. Mit anderen Worten: Wo eine Mutterhündin erwiesenermassen einen Defekt »vererbe«, könne sie gestützt auf die derzeitige

Generalklausel (»... andere nach dem Standard der betreffenden Rasse von der Zucht ausschliessender Fehler...«) für die Zucht gesperrt werden – die Übertragung einer Krankheit auf die Welpen genüge diesbezüglich aber nicht. Ist diese Auffassung grundsätzlich haltbar?

Ein jedes Zuchtreglement hat u. a. zur Aufgabe, Richtlinien und Vorschriften für die Züchtung von Rassehunden zu erlassen, die Reinzucht zu unterstützen sowie Vergehen gegen die Zuchtvorschriften zu bekämpfen. Ziel der Sache muss es auch sein, einen jeden Fortschritt in der Gesunderhaltung der Hunde zu fördern. Hieraus wird deutlich, dass finanzielle Interessen völlig in den Hintergrund zu treten haben – ansonsten können die hohen Ziele, welche sich die Rassehunde-Zucht gesetzt hat, niemals verwirklicht werden.

Ein Fortschritt für die Gesundheit der entsprechenden Hunde kann nun aber nur erreicht werden, wenn allein gesunde Hunde zur Zucht zugelassen werden. Schon die erhöhte Wahrscheinlichkeit, dass ein Teil des Wurfes (an Demodikose) erkrankt, verstösst gegen Sinn und Zweck der Zucht im Sinne der geschilderten Grundsätze.

Auch die grammatikalische Auslegung der erwähnten Generalklausel (»... von der Zucht ausschliessende Fehler...«) führt zu keinem anderen Ergebnis. Sinn dieser generellen Formulierung kann es – entgegen der geschilderten Praxis – nur sein, gerade auch solche Fälle zu erfassen. Denn eine abschliessende Aufzählung aller in Frage kommenden Möglichkeiten würde den Rahmen eines Zuchtreglementes mit Sicherheit sprengen, ja – sie wäre schlichtweg undurchführbar. Eine Generalklausel ist deshalb gar nicht zu umgehen – und sie muss entsprechend dem gesteckten Ziel (der Reinhaltung der Rassezucht in jeder Beziehung) den Zweck haben, gravierende Fehler jeder Art zu erfassen. Die in der Praxis vollzogene »Interpretationsbeschränkung« auf ausschliesslich erblich bedingte Defekte entbehrt deshalb einer vernünftigen Grundlage. Mit anderen Worten: Die bestehende Generalklausel reicht durchaus aus, auch mit erhöhter Wahrscheinlichkeit übertragene Krankheiten – wie in unserem Fall die Demodikose – als Grund für eine Zuchtsperre heranzuziehen. Die eingangs geschilderte Auffassung ist somit auf die Dauer nicht haltbar.

Überdies ist darauf hinzuweisen, dass den Käufern der erkrankten und in der Folge toten Jungtiere das Recht zugestanden hätte, gegenüber dem Züchter A Ansprüche aus Sachgewährleistung geltend zu machen. Welche Möglichkeiten im einzelnen gegeben gewesen wären, wurde bereits im

Kapitel »Rechtliches zum Hundekauf« behandelt. Hier soll nur nochmals festgehalten werden, dass entsprechende Mängel grundsätzlich sofort nach ihrer Entdeckung gerügt werden müssen, und dass alle Ansprüche in der Regel ein Jahr nach Übernahme des Tieres verjähren. Wichtig ist ferner, dass für die Haftung des Verkäufers kein Verschulden vorausgesetzt wird. Züchter A würde somit auch dann haften, wenn er gar nicht wusste, dass der entsprechende Hund an Demodikose erkrankt war. Nur wenn eine Ansteckung erst nach Übergabe an den Käufer erfolgte, könnte A nicht mehr zur Rechenschaft gezogen werden. Nutzen und Gefahr einer jeden Kaufsache gehen nämlich mit diesem Moment auf den neuen Eigentümer über.

Abschliessend zurück zu unserer Fragestellung: Sinn und Zweck einer jeden Rassezucht kann es nur sein, alles mögliche für die Gesunderhaltung der Tiere zu tun. Es kann also nicht darauf ankommen, ob ein Mangel erblich oder durch Krankheit übertragen wird. Oder umgekehrt ausgedrückt: Die reine Tatsache, dass bei einem Wuchs mit erhöhter Wahrscheinlichkeit Fehler gravierender Art auftreten werden, muss genügen, um eine Zuchtsperre zu rechtfertigen. Ein Hund muss also auch dann von der Zucht ausgeschlossen werden können, wenn er blosser »Krankheitsüberträger« ist.

VII. Eigentum, Besitz, Tierhaltung – ein begriffliches Durcheinander?

Eine im Gespräch mit Hundehaltern oft wiederkehrende Frage ist jene nach der Bedeutung der Begriffe »Eigentümer« und »Besitzer« und nach ihrer Übereinstimmung mit der Bezeichnung »Tierhalter«. Die Annahme, es herrsche hier ein sozusagen untrennbares Durcheinander, ist zwar falsch – aber sehr verständlich. Wenn man nämlich nicht ganz scharf trennt, so ist das Chaos da. In diesem Sinne folgendes:

Der bereits in einem früheren Kapitel besprochene Begriff des Tierhalters findet sich – im Gegensatz zu den beiden anderen – im Obligationenrecht. Es wird dabei der Halter als Subjekt der Haftung für vom Tier angerichteten Schaden angesprochen (Art. 56 OR). Welche Kriterien im einzelnen für die Haftungsfrage massgebend sind, wurde im entsprechenden Kapitel ausführlich beschrieben – aus den dortigen Ausführungen ergibt sich, dass die Beziehung zwischen Halter und Tier im Rahmen des Gewaltsverhältnisses immer eine solche tatsächlicher Natur ist. Ob ich mit anderen Worten auf meinen Hund einwirken kann oder nicht, ist eine Frage der tatsächlichen Umstände und hat mit Recht an sich nicht besonders viel zu tun. Wesentlich für den einzelnen ist deshalb das Wissen, dass der Ausdruck »Tierhalter« nicht das Mindeste über irgendwelche Eigentumsverhältnisse (hinsichtlich des Tieres) aussagt, sondern lediglich die Frage »Wer haftet grundsätzlich für durch ein Tier angerichteten Schaden« abgrenzt.

Der nicht im Obligationenrecht, sondern im Zivilgesetzbuch (Art. 919 ZGB) angesiedelte Begriff »Besitz« bzw. »Besitzer« gründet ebenfalls auf einem tatsächlichen Verhältnis. Er bezieht sich indessen nicht auf die Frage nach einem Haftungssubjekt, sondern auf jene der »Zuordnung« zwischen Sache und Person. Der entsprechende Gesetzesartikel sagt in diesem Sinne aus, dass jene Person, welche die tatsächliche Gewalt über eine Sache habe, ihr Besitzer sei – dies unabhängig davon, ob er diese Gewalt zu Recht oder zu Unrecht ausübe. Allerdings: Wer nur ganz kurz die Herrschaft über eine Sache hat, wird deshalb nicht gleich ihr Besitzer. Besitz erfordert vielmehr eine feste, auf Dauer angelegte Beziehung zwischen Sache und Person. Wenn ich mir also den Hund des Nachbarn zum

Spazierengehen ausleihe, so habe ich zwar für diesen Spaziergang die Gewalt über ihn – Besitzer bin ich deswegen aber noch lange nicht. Von einer »auf Dauer angelegten Beziehung« kann schliesslich bei einem kurzen Spaziergang keine Rede sein.

Als Leser werden Sie nun zu Recht feststellen, dass die Kriterien, Tierbesitzer oder Tierhalter zu sein, einander so ziemlich gleichen. Es muss deshalb nochmals hervorgehoben werden, dass es sich beim Tierhalterbegriff einzig und ausschliesslich um eine Abgrenzung des Haftungsbereichs handelt, während sich der Besitz als »allgemeines Zuordnungskriterium« zwischen Person und Sache (und damit nach unserer Rechtsordnung auch Tier) qualifiziert.

Dass mehrere Personen gleichzeitig als Tierhalter in Frage kommen können, wurde ebenfalls in einem früheren Kapitel behandelt. Sie haften in einem solchen Fall für einen Schaden solidarisch. Auch beim Besitz ist nun eine Beteiligung mehrerer (berechtigter) Personen möglich. Eine solche Personenmehrheit ist immer dann gegeben, wenn mehrere gleichzeitig die faktische Herrschaft über eine Sache haben. Genannt werden solche Verhältnisse »Mitbesitz«. Ferner (und nur der Vollständigkeit halber, hier wird es nämlich notgedrungen sehr juristisch«) gibt es noch die Unterscheidung zwischen selbstständigem und unselbständigem Besitzer. Der selbständige Besitzer ist gleichzeitig Eigentümer; der unselbständige Besitzer leitet sein Recht von diesem ab (beispielsweise Miete, Pacht, Nutzniessung usw.). Und zu guter Letzt kann der Besitzer auch jemanden »als Mittelsmann« einsetzen, ohne deshalb seinen Besitz abzutreten. Dieser Jemand – rechtlich genannt Besitzdiener – hat dann zwar im Moment den Zugriff auf die Sache, aber keinerlei eigenes Recht. So ist beispielsweise der Arbeitnehmer hinsichtlich des ihm zur Verfügung gestellten Werkzeuges oder das Hausmädchen hinsichtlich der Wohnungseinrichtung, welche es zu putzen hat, »Besitzdiener«.

Entgegen den Besitzeskriterien, welche auf ein tatsächliches Verhältnis zwischen Person und Sache abstellen, geht es beim Eigentum um eine rechtliche Beziehung. Wer Eigentümer einer Sache ist, kann – immer in den Schranken der Rechtsordnung – nach seinem Belieben über sie verfügen. Er hat das Recht, sie von jedem, der sie ihm vorenthält, herauszuverlangen und darf jede ungerechtfertigte Einwirkung abwehren. Die Umschreibung des Eigentums befindet sich wie jene des Besitzes im Zivilgesetzbuch (Art. 641 ZGB) – sie gibt eine umfassende Verfügungs- und Ausschliessungsmacht wieder. Unter »Verfügungsmacht« versteht man dabei wie erwähnt, dass der Eigentümer über seine Sache nach freiem Belieben verfügen – sie also verkaufen, verschenken oder belasten etc. – kann, wenn er sich dabei an die Schranken unserer Rechtsordnung hält. Mit »Schranken unserer Rechtsordnung« ist gemeint, dass er sich auch als Eigentümer Beschränkungen, wie sie sich beispielsweise durch Nachbarrecht, durch öffentliches Recht oder durch andere Rechtsnormen ergeben, gefallen lassen muss. »Ausschliessungsmacht« bedeutet, dass der Eigentümer seine Sache von jedem, der sie ihm vorenthält, herausverlangen kann. Wenn mir also jemand meinen Hund vorenthält, so kann ich diese Person zwingen, ihn mir wieder herauszugeben. Genauso kann ich jede ungerechtfertigte Einwirkung eines Dritten abwehren – das Gesetz stellt dazu sogar verschiedene Rechtsbehelfe zur Verfügung.

Analog zum geschilderten »Mitbesitz« gibt es auch ein sogenanntes »Miteigentum«. Jedem Miteigentümer gehört in einem solchen Falle ein Bruchteil – also beispielsweise ein Drittel, ein Viertel oder die Hälfte – der ganzen Sache. Über diesen Anteil kann er – auch ohne das Einverständnis seiner Miteigentümer – Kollegen – frei verfügen. Er kann also beispielsweise seine Hälfte verkaufen, wann immer ihm dies passt. Dies scheint zwar an sich selbstverständlich; es ist es aber nicht. Es gibt nämlich noch eine andere Form des »kollektiven« Eigentums, wo dies nicht möglich ist: das Gesamteigentum. Dieses – ebenfalls nur der Vollständigkeit halber erwähnte – Rechtsverhältnis zeichnet sich dadurch aus, dass die einzelnen Gesamteigentümer in einem sehr engen Grundverhältnis zueinander stehen, welches durch persönliche Verbundenheit charakterisiert ist. Gesamteigentum entsteht im übrigen nur in den vom Gesetz ausdrücklich vorgesehenen Fällen (z. B. Erbengemeinschaft, Kollektivgesellschaft usw.) und hat zur Folge, dass die beteiligten Personen nur gemeinsam über die Sache verfügen können. Wenn ich also zusammen mit drei weiteren Personen u. a. einen Hund erbe, so bilde ich mit den anderen Erben zusammen eine sogenannte Erbengemeinschaft. Der Hund ist dementsprechend wie der Rest der Erbmasse Gesamteigentum – ich kann nicht einfach hingehen und selbständig meinen Anteil daran verkaufen oder verschenken oder was auch immer. Auch jeder andere Entscheid, was mit dem ererbten Hund zu geschehen habe, ist gemeinschaftlich – also von allen Gesamteigentümern zusammen – zu treffen. Darin liegt der grosse Unterschied zum Miteigentum, wo – wie bereits erwähnt – jeder Miteigentümer hinsichtlich seines Teiles »unabhängig« ist.

Hinsichtlich unserer Fragestellung lassen sich also die wesentlichsten Aspekte noch einmal folgendermassen zusammenfassen: Der Ausdruck

»Tierhalter« sagt nicht das Mindeste über irgendwelche Eigentumsverhältnisse am Tier aus. Er grenzt lediglich die Frage ab, wer grundsätzlich für den durch ein Tier angerichteten Schaden haftet – wer also »Haftungssubjekt« ist. Nicht auf die Frage nach einem Haftungssubjekt, sondern auf die »Zuordnung« zwischen Sache und Person bezieht sich der Ausdruck »Besitz«. Wer also – sei es nun zu Recht oder zu Unrecht – die tatsächliche Gewalt über eine Sache hat, ist ihr Besitzer, sofern es sich dabei um eine feste, auf Dauer angelegte Beziehung handelt. Das Spazierengehen mit einem fremden Hund macht also noch niemanden zum Hundebesitzer. Beim Begriff »Eigentum« geht es schlussendlich überhaupt nicht um ein tatsächliches Verhältnis, sondern um eine rechtliche Beziehung. Eigentümer einer Sache ist, wem sie gehört – wer also darüber verfügen und jeden Dritten von einer solchen Verfügung fernhalten kann. Ich kann also meinen eigenen Hund nicht nur von jedem Unbefugten wieder herausverlangen, sondern auch allein entscheiden, was im Einzelfall mit ihm zu geschehen hat. Ob ich das Tier dabei bei mir habe – ob also im Moment ein tatsächliches Gewaltsverhältnis zum Hund besteht oder nicht – ist unerheblich. Denn: Der Begriff »Eigentum« charakterisiert keine tatsächliche, sondern eine rechtliche Beziehung. Genau dies unterscheidet ihn auch grundlegend von den beiden anderen Bezeichnungen.

Schlusswort

Gerade das letzte Kapitel dieses Buches ist – angesichts der gestellten Problematik notgedrungen – ziemlich »juristisch« geworden. Trotzdem hoffe ich, dass es mir im grossen und ganzen gelungen ist, den Stoff so darzustellen, dass er keineswegs nur für Juristen verständlich ist. Die Beispiele aus der Praxis mögen das ihre dazu beigetragen haben, diesem Ziele näherzukommen.

Abschliessend ist mir daran gelegen, Sie, lieber Leser, nochmals darauf hinzuweisen, dass dieses Buch keinen Anspruch auf Vollständigkeit erhebt. Die Palette »hunderechtlicher« Probleme ist viel zu komplex, um sie in irgend einer Form abschliessend zu behandeln – dies konnte deshalb auch nicht mein Ziel sein. Mir ging es vielmehr darum, Ihnen etliche wissens- und bedenkenswerte »Hunderechtsaspekte« näherzubringen, und ich schliesse mit der Hoffnung, dies auch getan zu haben.

Zürich, im Dezember 1985
Dr. iur. Trix Ebeling-Stiefelmeier

Register